跟大师学投资丛书

FOLLOW THE MASTER INVESTMENT

The Art Of Execution

买错股票还能赚钱

【英】雷索尔
(Lee Freeman-Shor) /著

简国帆 /译

SPM

南方出版传媒

广东经济出版社

·广州·

图书在版编目（CIP）数据

买错股票还能赚钱 /（英）雷索尔著；简国帆译. —广州：广东经济出版社，2018. 3
ISBN 978 - 7 - 5454 - 6098 - 8

Ⅰ. ①买… Ⅱ. ①雷… ②简… Ⅲ. ①股票交易 - 基本知识 Ⅳ. ①F830. 91

中国版本图书馆 CIP 数据核字（2018）第 022841 号
Title: The Art of Execution. ISBN: 978 - 0 - 8571 - 9495 - 4

版权合同登记号：19 - 2016 - 010
出 版 人：姚丹林
责任编辑：陈念庄 周伊凌
MAICUO GUPIAO HAINENG ZHUANQIAN

出版发行	广东经济出版社（广州市环市东路水荫路 11 号 11 ~ 12 楼）
经销	全国新华书店
印刷	东莞市翔盈印务有限公司 （东莞市东城区莞龙路柏洲边路段）
开本	889 毫米 × 1194 毫米 1/32
印张	7
字数	92 000 字
版次	2018 年 3 月第 1 版
印次	2018 年 3 月第 1 次
印数	1 ~ 5000
书号	ISBN 978 - 7 - 5454 - 6098 - 8
定价	48. 00 元

如发现印装质量问题，影响阅读，请与承印厂联系调换。
发行部地址：广州市环市东路水荫路 11 号 11 楼
电话：（020）38306055 37601950 邮政编码：510075
邮购地址：广州市环市东路水荫路 11 号 11 楼
电话：（020）37601980 营销网址：**http://www.gebook.com**
广东经济出版社新浪官方微博：**http://e.weibo.com/gebook**
广东经济出版社常年法律顾问：何剑桥律师

专业投资人推荐

研究生院的学生常要我推荐投资理财书，让他们成为更厉害的投资人，我通常建议他们看《智慧型股票投资人》（*The Intelligent Investor*）和《股票作手回忆录》（*Reminiscences of a Stock Operator*），但现在我已把这本书加入清单，我更希望三十年前就有这本书！

——丹尼斯·布莱恩（Dennis M. Bryan），
FPA 基金公司合伙人

本书提出非常棒的观点，如果有人能懂得做出保护投资的决定，那么这位就是了解自己特质、熟知所处环境与具有投资战斗力的人，也就是能长期赚钱的专业经理人。

——克里斯潘·欧迪（Crispin Odey），
欧迪资产管理公司创办合伙人

本书针对如何应对赔钱仓位以及如何让赚钱仓位对投资组合产生巨大影响，提供了很全面的框架，是投资新手与专业人士的必读好书。

——德克·安德林（Dirk Enderlein），
Wellington 公司合伙人兼基金经理人

为私人与基金经理人提供珍贵教训——揭露我们在落实投资想法的过程中，可能掉入的行为陷阱。

——詹姆斯·英格利斯－琼斯
（James Inglis－Jones），狮子信托公司基金经理人

本书的观点鞭辟入里，也成为我投资时内心的评判标准，迫使我全面细究落实（投资想法）的做法与时机。

——丹尼尔·尼寇斯（Daniel Nickols），
先机环球投资（Old Mutual Global Investors）
英国中小型企业股部门主管兼基金经理人

推荐序一

执行力是投资制胜的关键

蔡政宏/富盛证券投资顾问董事长

如果投资房地产的三大关键是地点、地点、地点！
那么投资股票成功的三大关键就在于
执行力、执行力、执行力！

从事资产管理业多年，时常会有亲戚朋友询问，现在要买什么股票好？投资什么才会赚钱？**但鲜少有人问我的是，我该如何规划我的资产**？**长期投资要怎么做才会更有效率**？因此一样的问题、一样的答案，每个人所获得的结果并不相同，有些人因此而获利，有些人最终仍然亏损，而关键点就在于执行力的不同。

本书作者在书中提及，世界顶尖的经理人即便看错市场方向，最终却还能赚进百万，事实上他们的胜率只有49%，比掷铜板的50%还要低，而他们赚钱的秘诀，在于拥有正确的投资心态及执行力。相较之下，也常有看对方向却认赔出场的投资人，而与前者的结果差异，全都来自于执行力的强弱。

“33%的限制”帮你掌握正确的损益点

掌握正确的损益点，将会影响最终结果，本书提出“33%限制”，即当资产下跌33%后，需要上涨50%才能回到损益两平点，而一般人的投资要赚50%容易吗?

如果从这个角度去想，当亏损到达33%时，对于投资组合势必要做出调整；但若**投资人依旧看好这个投资，并且加码相同的金额，其实只要上涨20%，就能够回到损益两平点**，这样听起来是不是比上涨50%容易许多?

上述的操作过程就是执行力强的表现，同时也要分散投资、做好资产配置，**让手中永远握有筹码**，等待更好的加码时机，不要孤注一掷。只是一般投资人往往在价格下跌时感到害怕，不愿意持续加码，反而在价格上涨的同时拼命追，在执行力不强的操作习惯之下，使得投资报酬率普遍不尽理想。这种投资人就如同本书谈到的“兔子型投资人”一样，只会用各种借口安慰自己，却什么也不做。

良好的投资习惯需要培养

在投资的过程当中，赚钱时要面对自己的贪婪，赔钱时要面对自己的恐惧，因此投资就是一个贪婪与恐惧的拉锯战，而要战胜人类的天性并不容易，养成好的投资习惯更是困难。

习惯的养成不易，就拿国人现在最流行的马拉松来说，一般人不可能一开始就跑全马 42. 195 千米，第一次可能会先跑 3 千米，持续跑了一周后变成 5 千米，慢慢地把距离往上加，最终才能完成全马 42. 195 千米的距离。

好习惯的养成就如同跑马拉松一样，一开始以小头寸的金额投资，上涨时勇敢地卖出，下跌时勇敢地加码，让自己的投资逻辑处在一个正确的轨道之下，**进而再慢慢地扩大投资头寸**，如此就能往正确的方向走。

每个人在投资路上都可能面临获利与亏损，大家也都是一路跌跌撞撞、不断地摸索，最终走出一条属于自己的投资道路。本书能帮助投资人更加了解自己，少走许多冤枉路，更快地找出自己的投资法则。我也推荐每位投资人阅读本书，进而更了解自己。

作者蔡政宏，曾担任全盘证券投资顾问总经理、富盛证券投资顾问总经理，目前为富盛证券投资顾问董事长。

推荐序二

投资致富是在做一件“违反人性的事”

朱挺豪／钜亨网投资顾问总经理

每个投资人一定都非常羡慕股神巴菲特高超的投资能力，可是巴菲特曾经做了一件被市场讥笑的事：2007年10月，他把中石油（PetroChina，中国石油天然气股份有限公司）持股卖光，市场预估其平均卖价在13港元左右，才过一个月，中石油就涨到每股约20港元。市场预估巴菲特只要晚卖一个月，他就可以多赚120亿港元。换作是你，在卖出后看到股价继续飙涨，会不会忍不住跳进去再买回来？

不过，中石油的股价在达到20港元后，金融海啸来临，股价一路下跌，到2008年10月时，每股只剩4港元。如果是你，敢不敢在13港元时就停损呢？

我认识很多投资人，大家特别喜欢巴菲特的

投资哲学，依样画葫芦地买进所谓的“巴菲特概念股”，可是最终多数以亏损出场。

同样一招，到了咱们手上就变得平平无奇。为什么会这样呢？就我的经验而言，不是大师的招数不灵，而是“人性弱点”使我们无法像大师一样获得丰厚的报酬。

每次我们看好一个标的，信心满满地进场准备大赚一票时，市场常常会从完全意想不到的角度伸手打你一巴掌。你能否不被打晕，最后仍成为赢家，关键就在于你有没有**正确的投资纪律**。

很多人看到市场新闻热炒某个趋势，或者听信理财顾问的建议进场投资，可是进场后不管上涨或下跌，都会为自己找理由，把那只股票或基金就这样摆着。幸运的话，在小涨时忍不住就卖掉了。如果不幸一进场就持续下跌，大多数人会什么都不做，等待它“有一天”涨回来。

这就是我们常犯的错误，而且还一直重复犯错。

我在投资界这么久的时间，唯一一个小小的收获，就是明白了投资其实是一件“违反人性”的事情，**如果你没有克服人性弱点，错误就会一**

直重复，而且不管是散户或专家，通通都会这样。

这本《买错股票还能赚钱》的作者是先机环球投资（Old Mutual Global lnvestors）的经理人，先机环球投资是一家“经理人的经理人”的资产管理公司，也就是说，它**管理众多的操盘手**。因此，作者借由管理许多知名的操盘手，洞悉了投资成败的一些关键因素，使我们看到了，即使是专家，也常犯下“人性弱点”的错误。

作者把失败与成功的操盘手做了归类，并且分析他们失败或成功的原因，最后归纳出提高胜算的原则。这些原则基本上就是克服人性弱点的总和。

如果你想要投资，建议你把这些原则记下来，每次操作前拿出来看一下，相信你的投资会顺利许多。

作者朱挺豪，曾为柏瑞投信投资顾问部协理、汇丰中华投信整合行销企划部主管，现职为钜亨网投资顾问总经理。

推荐序三

从一般投资人
晋升专业级投资人!

基金黑武士 / 财经博主

市场有涨有跌，懂得操作的艺术才是胜利的关键!

一般的投资人在刚进入股票市场时，常常会阅读很多教人看市场的书籍，那些不外乎是技术分析、财报分析与经济分析，可是有多少人看过行为财务学的分析呢?

市场人人会看，技术分析更是入门的基础，可是你有没有想过为什么基金经理人如此之多，能够被誉为投资大师的却寥寥无几?答案绝对不是投资大师看得最准，关键在于他的心态与执行力皆优于常人。这也是为何世界顶尖的投资人看错方向后还能获利的主因。

我常常对投资人提出一个问题:“这个投资，

你想赚百分之几？”大多数人的答案都是越多越好，这显示出人们对于自己的投资根本不了解。在幻想的世界当中，谁不想要靠投资一夜致富，最好是买一只股票赚一百倍，但是在现实生活中，很难达成。**要把股票卖得漂亮，对一般人来说并不容易，这也是一般投资人与投资大师最大的差异。**

“出盈保亏”，所以你老赔钱

如果你说想赚20%，这代表你对自己的投资是了解的，至少知道何时该落袋为安。但是相反的，亏损20%时应该怎么做？是卖出？抑或是加码？还是放着不管、再看看？

我想大多数投资人都会选择放着再看看，这就是一种“出盈保亏”的心态，一般投资人往往会急于出售已实现的获利，但对于亏损仓位却选择视而不见。

这么说好了，假设你看对市场的胜率是70%，可是每次赚5%就出场，偏偏当亏损20%的时候却不停损，长期而言，你的报酬率会是正数吗？

按照概率计算，长期的报酬率可能还是亏损，因为损益不对等的行为，造成了投资人明明看市场看得很准，可是长期投资报酬率却不佳。

投资大师如何面对贪婪与恐惧?

当大家谈到某某投资大师时，可以看到往往他的投资回报率都相当惊人，但就算你可以复制他的选股逻辑，为什么没有办法复制他的报酬率呢？我们要从获利与亏损两个方面来看。

当投资大师面对账上获利时，他并不会很快地卖出，而是会选择贪婪地继续持有，所以成功的大师大多是以长期投资为主，因此可获得相当高额的报酬率。

相反的，当投资大师面临亏损时，他也不会坐以待毙，他懂得面对内心的恐惧。假设一只个股亏损了 20%，等于是比当初认定进场的价值损失 20%，此时他会做一件事：就是重新检视买入股票的主因。

如果该股票的核心价值没有改变，只是短期的股价波动，投资大师便会勇敢地加码；反之，如果当初买入股票的核心价值已经改变，则要毫不犹豫地出清。因此，**并没有“再看看”这个选项**，但可能有高达八成的投资人，面临亏损的时候，多半是选择再看看。

会买的是徒弟，会卖的才是师父

投资俗谚说：“会买的是徒弟，会卖的才是师父。”本书书名为《买错股票还能赚钱》，正说明了买卖的时间点对于投资组合绩效的重要性。

如果你对市场的看法很有一套，可是长期报酬率却不佳，那么阅读本书可以让你重新面对和了解自己的贪婪与恐惧。如果你才刚开始要进入这个领域，那么阅读本书可以从中学习到正确的心态，进而在投资道路上走得更长远。

基金黑武士平时钻研财经新闻，秉持“财经知识补脑、斩断投资心魔、提倡理财自主性”理念，经营脸书粉丝团“基金黑武士”，整理相关信息给关心财经的投资人。

前言

为什么我买错股票还能赚钱?

我曾做过一份研究，是针对英国伦敦金融城和美国华尔街顶尖专业基金经理人的表现所做的调查。

我的一位同事在看完这份研究后，一脸担忧地对我说：“我希望你没有在投资领域有长远的生涯规划。”并接着说，“你确定有再三检查这份研究吗？如果数字正确，那这份研究将震撼公众，在金融圈掀起波澜。”

后来，我的研究不断获得证实，才有了这本书的诞生。

令人出乎意料的数字

这份研究是涵盖2006年6月到2013年10月的1866笔投资，代表45位世界顶尖投资人的

30874 笔交易。这些数据，是我在先机环球投资（Old Mutual Global Investors）任职时得来的。

这 1866 笔投资的独特之处在于，每一笔投资都是这些经理人认为最有赚头的交易。

我给每人提供 2000 万至 1.5 亿美元的资金，并严格规范他们只能买 10 只股票，这 10 只股票就等于是他们心中最赚钱的股票。这之中不乏全球最聪明的人耗费长时间研究得来的成果。我要借由这些顶尖的投资人，赚得最高的投资报酬率。

因此，我深信自己会赚进一大笔钱。

但结果是，多数都赔钱。

当最厉害的人也买错时

对于这些投资竟然只有 49%（920 笔）能获利，我感到相当震惊；更让人吃惊的是，这些所谓的专家只有 30% 的时间能成功赚到钱。

我聘请的是全球最棒的基金经理人，并要求他们把 10 亿美元花在自己最擅长、最有把握、最能赚钱的股票上。但他们获利的概率，反而低于随便丢掷硬币的结果。

但真正让我意外的，不是这些每年赚进数千万美元、跻身富豪榜的经理人也会有失手的时候，而是虽然有些人每三笔投资才会有一笔获利，但若以最后的结果来看，他们的投资几乎没有亏损，而且仍有大笔获利。

于是，最难的问题来了：

如果他们的投资想法多数时间都是错的（如前所述，只有30%的时间能成功赚到钱），**最后他们又是怎么大笔获利的**？怎么会有办法在错误多于正确的时候，还能赚进令人难以想象的利润？

这个问题引起了我的好奇心，促使我想要分析他们在这7年里进行过的每笔交易，试图找到他们的秘诀。我非要知道，他们到底做了什么事，翻转了结果。

我把整个调查的分析和结果，全部都集结在这本书上。

我发现，所谓成功的投资，和预测是否准确没有太大的关系，最重要的是出色的操作手法。

如果投资房地产的秘诀是“地点、地点、地点”，那么投资股市的重点就是“执行力、执行力、执行力”。

多数人认为投资是一门有一定高度的专业学问。一般大众都不太清楚操作的方法，所以常常以为专业人士之所以伟大，是因为他们拥有超越一般人的能力与想法。

但这无法让我们看到置于深层的真相，这也是为什么我会小心翼翼地撰写这本书，因为这是给包括专业人士与散户在内的各类型的投资人阅读的，不需要具备专家知识也能懂的一本书。

你稍后将在本书中看到，重要的不是去担心投资的绩效，而是只要专注于“你配置了多少资金在当中”，还有**当你正在赔钱或赚钱时，接下来正确处理的方式**。

其实，我不是第一个发现这件事的人。

金融期货先驱利奥·梅拉梅德(Leo Melamed)曾说：“即便我犯错的概率有60%，我仍能成为大赢家，关键在于资金管理。”

同样的，靠投资赚进财富的传奇亿万富豪、

避险基金经理人保罗·都铎·琼斯二世①(Paul Tudor Jones II),据传他知道的所有华尔街成功故事,重点都是“资金管理、资金管理、资金管理”。

另一位白手起家的金融巨鳄乔治·索罗斯(George Soros)也曾说:“重要的不是你是否做对,而是你在对的时候赚了多少钱、在错的时候又赔了多少钱。”

本书的特点在于,详细列出了投资大咖们如何管理资金的证据,而且这是业界第一次有人这么做。

我已经知道他们的秘诀是什么,而且你也将很快知道。

投资小语

我在过去三十年来夜以继日地研究预测后,还没发现有人对未来的预测是可信的。

——奈德·戴维斯

(Ned Davis,投资策略专家)

---

① 华尔街操盘高手,知名的避险基金经理。2006年盈利7.5亿美元,总资产估计为28亿美元,在2009年《福布斯》全球亿万富豪排行榜中名列第224位。

赔钱时，你是兔子、刺客还是猎人？

根据我的研究，投资成功并大笔获利的关键，不只在于是否找到一个出色的题材，而是发现你的投资赚或赔之后，接下来的动作，才是决定这笔交易是不是真的获利。

因为这个理由，我把本书拆分成两个部分。

第一部分的情境为“**当账面出现亏损时，你会怎么做**”，这个部分主要处理如何从一个很棒但会赔钱的想法中解套。

为了帮助大家做出正确的决定，我将以我旗下经理人实际操作的投资作为范例。

在本书中，我把这些经理人分为不同的族群。他们虽然都是专业人士，但我在分析他们的投资行为后，发现他们能被区分为几种独特的族群。

首先，我们会遇到其中三种族群，分别是：兔子（Rabbits）、刺客（Assassins）以及猎人（Hunters）。这三个族群都曾多次深陷赔钱的处境，但其中只有刺客和猎人这两个族群能继续赚进大笔利润，剩下的则没有。

我将详细探究刺客与猎人这两种赢家的投资习惯。我也会分析兔子的问题，也就是让他们赔一大笔钱、最后不得不退场的致命伤。

但好消息是，一旦看见自己有这些缺点，只要愿意做出改变，就能摆脱困境并且修正结果。

虽然刺客和猎人这两个族群都是扭转劣势、反败为胜的高手，但他们在脱离困境时采用的方法却截然不同。你可以根据自己身在哪个族群会最自在来决定采用的方法。

投资小语

没有实现的愿景都是幻想。

——汤姆斯·爱迪生（Thomas Edison）

赚钱时，你是奇袭者还是行家？

第二部分为“**赚钱时，更不能大意**”，设定的情境是当你投资了一个很棒的题材，也发现它已经让你的账面获利。

为了帮助你维持这种优势，我必须让你们看到奇袭者（Raiders）与行家（Connoisseurs）的缺点与优势。多数的投资人都是奇袭者，但奇袭者有“转胜为败”的坏习惯。也就是说，行家才是我们都该追求的典范。

我会在书里描述，这些不同的族群在面对赔钱与赢钱的处境时，会做出什么样的判断跟决定。所以，有些人可能无法只被归于一个族群。你或许能想象得到，一位杰出的刺客，同时也可能是位出类拔萃的行家，但兔子显然绝不可能是猎人。

为了尊重这些经理人，本书不会指名道姓任何一位经理人，也不会提到能辨认出他们个人的细节，但所有这些重要资讯（包括投资），都是真实无误的。本书描述的每一笔投资的背后都有好几百万英镑、美元或欧元在进出。

你在本书看到的赔大钱或赚大钱的数字，这些亏损与获利都是真的，都是我旗下的经理人曾经赚进或赔掉的钱。

我也将说明，传奇投资人先前是怎么受到新

想法、偏好或恐惧等诱惑的影响而误入歧途，后来又是如何逃离险境的。而这些也都是你们可以自行运用的方法。

投资小语

如果我看得比别人远，是因为我站在巨人的肩膀上。

——艾萨克·牛顿（Isaac Newton）

CONTENTS

目　录

CONTENTS

目　录

第一部分

当账面出现亏损时，你会怎么做

即使是一些全球最厉害的基金经理人，照样会身陷赔钱的困境。这些困境彼此都有关联性，就是都有庞大的不确定性与消极性，他们必须做出决定：要减码，还是紧抱。

我将说明如果不想成为兔子，该避开哪些陷阱；我也会确切说明，要想成为刺客和猎人，挽救当前局势或反败为胜，你该怎么做。

第一章

老是“再看看”，兔子最后怎么死的都不知道

在为我工作的专业人士里，兔子是最不成功的一群，可他们也不是无名小卒。他们有许多人都是伦敦金融城或华尔街的知名人物，其中一人的办公室还在摩天大楼的顶楼，并独自拥有一间会议室。从会议室的落地窗能鸟瞰伦敦金融城，欣赏让人屏息的景色；当他走进有大理石地板的接待大厅时，会有两位身材高大的警卫恭敬地向他问好。

其他人也有数十年的经验与名望，有些人更是“家庭主妇的最爱”，他们都非常讨人喜欢，不管何时遇到他们，我总能感受到满满的正面能量。

并不是一般人都能跟他们互动，对我而言，可以说是花了 5000 万美元的代价。没错，这就是他们每个人代表我的公司所管理的资产金额。

随着本章的开展，你将了解，为什么到后来我会宁愿从没遇见过他们。

一、当投资赔钱时，兔子会怎么做

——从个案看出你是否也是一只兔子

我们来看看一些实际案例，你很快就会发现，这些人的投资习惯哪些地方特别像兔子。

个案研究：Vyke Communications

Vyke Communications 是一家总部设在英国的通信公司，专长为软件开发，用户能通过手机、电脑或一般固话的网络，免费拨打电话与传送信息。

当我的基金经理开始观察这家企业时，预计这家公司将大有成就，原因不仅是用户将能免费拨打国际电话，而且 Vyke 可能就是下个 Skype，有望革新全球通信，这会是一笔意义匪浅的投资。

这位经理人在 2007 年 10 月 31 日以每股

2.10 英镑买进 Vyke 股票，碰巧这个价格已经差不多到最高点。

这位经理人买进后不久，Vyke 股价就开始下跌，接着他买进更多。到目前为止一切正常，毕竟，因为正确的理由而紧抱一只股票，在价格下跌时加码买进，是正确的决定。

然而 Vyke 股价继续跌，虽然这位经理人选择持有这个投资，但他拒绝投入更多资金。

过了两年半，到 2010 年 7 月 2 日，他决定出清所有仓位时，Vyke 股价已跌至 0.02 英镑，等于下跌了 99%。

假设股市每年的平均年报酬率为 8%，意味着要花六十年才能把所有资金赚回来，这笔投资必须获得 9900% 的报酬率，才能损益两平。

个案研究：Vostok Nafta

Vostok Nafta 是一家在瑞典证交所挂牌上市的投资公司，主要使用独立国家联合体体（CIS）的资产做投资，CIS 是由苏联一些成员国组成的组织，功能是协调贸易与安全。

Vostok Nafta 的主要投资是石油、天然气及矿商，包括未上市与上市企业。过去这会促使许多欧洲投资人买进 Vostok Nafta 的股票，因为他们看好这些项目的前景，所以用杠杆的方式操作。

但近年来 Vostok Nafta 已分散投资到以消费者为主的企业，也投资大量资金于俄罗斯的唯一一家信用卡放款公司（Tinkoff 信用卡系统公司）以及一家网络分类广告公司（Avito）。

Vostok Nafta 的**当前样貌，已和过去完全不同**（当初买进的理由已不存在），这也显示了俄罗斯与其邻国在过去二十年来出现相当大的变革，Vostok Nafta 无疑已不再做纯粹的商品投资。

我旗下的一位经理人在 2008 年 4 月 11 日以每股 9.14 欧元的价格买进 Vostok Nafta 股票。

5 个月后，Vostok Nafta 股价不如预期，所以这位投资人终于被说服，以每股 3.95 欧元的价位卖出，产生 57% 的亏损。

值得一提的是，他卖出股票的唯一理由，是因为我对他施压，要他加码买进或卖掉。**不然这**

位仁兄原本什么都不想做，并且无法给我合理的原因。若当初没有干预，我非常确定他到现在都还持有这只股票。

假设 Vostok Nafta 的股价翻转上扬，而且享有股市大盘每年 8% 的平均年报酬率，这笔亏损也要花 11 年才能损益两平。

换句话说，在原本资金已损失 57% 的情况下，再度投入的资本必须取得 133% 的报酬率，才能回到一开始投入的水准。

个案研究：Raymarine

Raymarine 是一家专门生产海事电子产品的企业，产品包括帮助游艇船东配备雷达、卫星电视、探鱼器、全球定位系统（GPS）装置、各种其他通信装置及一些设备。

我旗下的经理人在 2007 年 5 月 31 日以每股 4.27 英镑买进该公司股票。23 个月后，Raymarine 的股价崩跌，这位投资人仍紧抱持股，并且还在谈这家公司**过去有多伟大**，却也没想要买进更多股票。

他的说法是：因为这只股票的流动性太低，所以无法买到更多。可是，这可能代表另一种危险：就是因为流动性太低才卖不掉。

这就是投资初学者容易犯的错误：**你不该投资难以脱手的标的。**

此外，这位经理人认为，他已投入不少资金，不该在这种情况下卖出股票。直到我对他施压必须有所作为后，他才终于在2009年4月15日以每股0.17英镑出清所有仓位。

这代表他的原始投资亏损了96%。若以股市每年的平均年报酬率8%计算，要花43年才能损益两平。他必须取得2643%的报酬率，以赚回所有原来投资的资金。

二、10 个错误心态，导致你选择了“再看看”
——确认自己中了几个

兔子常把通道挖得太深，以致再也不见天日。它们为什么会犯同样的错这么多次？

虽然，我用略微戏谑的名称来形容这个族群，但事实上，这群兔子的缺点都很“人性化”。我在看过他们所有的投资后，归纳出 10 个关键因素，而这些都是每个人多少会出现的偏差或容易受到的影响。

只是这群兔子却未能借此养成更好的习惯，以控制或摆脱这些偏误。最后，受这些因素影响，他们就常常惊慌失措地收场，当然投资结果也都不会太好看。

1. 撷取片面之词

影响兔子的最重要因素之一，我称之为 NaFF

（narrative fallacy framing bias），就是论述谬误与偏误。

杰出的以色列学者阿摩斯·特维斯基（Amos Tversky）和他的同僚、诺贝尔奖得主丹尼尔·卡尼曼（Daniel Kahneman）曾在1974年提到这种情况。特维斯基与卡尼曼指出，人们的决策，会受到框架偏差①（framing bias）或锚定启发②（anchoring heuristic）的影响。换句话说，**人们在做决定时，会倾向顺着问题呈现的方式来作结论。**

投资小语

未来可能是由许多因素构成的，但未来的真正所在之处，是人心。

——李嘉诚

兔子犯的错误之一，就是他们会让所偏好的

① 决策者将注意力集中在少数几个面向，而建立不正确的参考点。

② 人们在作社会推论或判断时，由于社会情境的信息模糊不清，所以常常会找一个参照点为起点，然后再以此为依据作上下调整，这就是锚定启发法，锚定就是认准参照点的意思。

个股走势决定他解读市场的角度。投资 Vyke 的这只兔子，喜爱价值较高的股票，因此当他看到一只股票有 50% 的概率符合标准时，心里就已经认定，这是可投资的。

撷取片面之词的影响远不仅限于此，他们还会编造故事，解释自己为何陷入赔钱的困境。

请看图 1，根据这张图，会看到 A 公司和 B 公司两种不同走势的股票，从此图判断，你会买哪一家公司的股票。

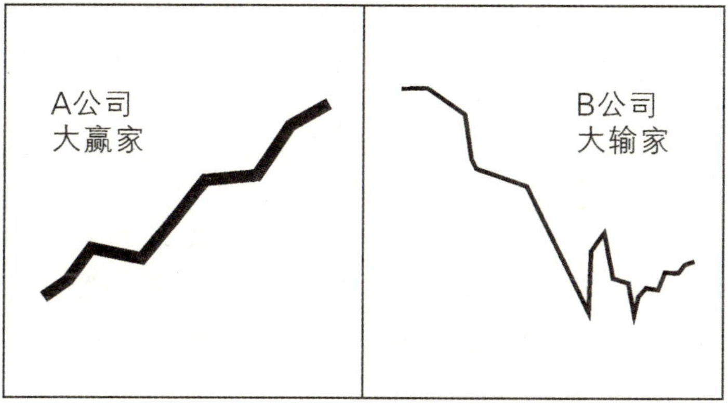

图 1　你偏好哪家公司的股票？

现在，请更仔细地观察图 2：

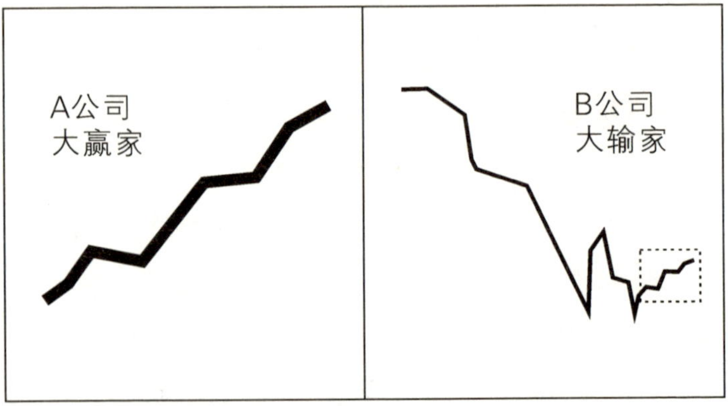

图 2　仔细对照左右

事实上，你看到的价格线图，不但是同一只股票，连最后的价格水准都一模一样，唯一的不同之处在于时间范围，导致我们看待一只股票的方式也不同。

A 公司的时间范围，会让人认为这只股票正在上涨，应该尽快买进。B 公司则让你认为这只股票正在下跌，躲开为宜。

而两者不可能同时为真。

当兔子发现赔钱时，原先的想法便会跑出来："对，我赔钱了，但这没有违背我的论点（也就是促使"我"投资的原因），只要等到股价反转上扬，我仍能赚一大笔钱。”

尽管问题等着被解决，但他们回应的方式，并非先止血，反而是一味地调整想法，以配合当初设定的愿景。

当投资人遇到黑天鹅事件①时，通常兔子回应的方式，就是倾向于无视这个事件。事实证明，Vyke 本身有很多严重的问题，当初投资该公司的理由和事实并不存在。该公司在 2011 年退市，不久后就破产。这位经理人应该要感到幸运，还能全身而退。

2. 总爱一见钟情

初始偏误（primacy error）又是另一个问题。这个词是形容第一印象对一个人造成长久且不成比例的影响。

现实生活中，初始偏误的典型特征就是一见

---

① 黑天鹅事件是指不可预测的重大事件。它不常发生，但一旦出现，就具有巨大的影响力。从 2008 年的金融危机到东南亚海啸，从“9·11”事件到泰坦尼克号的沉没，黑天鹅存在于各个领域，无论是金融市场、商业、经济还是个人生活，都逃不过它带来的影响。

钟情，刚破壳而出的小鸭就是最好的实例。刚孵出的小鸭，会把第一眼看到的生物当成母亲，因此，如果它们破壳后看到的第一个生物是你，不管你走到哪，背后都会跟着一排忠心耿耿的小鸭。

对兔子而言，第一印象经常就是全部。那位买进 Vostok Nafta 的经理人就是如此，当他评估过 Vostok Nafta 后，就不再跟进之后的变动，这样会导致当兔子陷入亏损时，也不会想要立即采取行动。

不过，不相信第一印象的人也别太高兴，固有印象带给人的影响也可能是个问题。

英国心理学家斯图尔特·苏士兰（Stuart Sutherland）在他撰写的《非理性》（*Irrationality*）一书中，讨论到**光环效应**①与**魔鬼效应**②。当我们接触到一个投资题材时，如果看到这只股票的股价在过去十年持续下跌，我们可能将它分类为

① 一个人的某种特质或一个物品的某种特性，一旦给人非常好的印象，在这种印象的影响下，人们对这个人或这个物品的其他特性，也会给予较好的评价。

② 当一个人表现不佳或给人第一印象不佳时，这个弱点或负面特质容易被不断放大，众人对他的评价也会远低于他的实际表现。

“糟糕”（也就是投资专家会称呼的“落水狗”）。

之后，就算这只股票已大幅好转，但原来的印象仍然会继续影响我们的想法。因此，一般人就会莫名其妙地闪避、不敢投资这类企业。但坚定的价值投资人却会发现这些好企业！

投资小语

深深爱上自己的假说的科学家，也同样深深地不情愿接受自己实验的答案为否。

——迈克尔·布鲁克斯

（Michael Brooks，科普作家）

3. 没人喜欢犯错的感觉

有个与初始偏误密切相关的认知偏误，就是锚定效应①：我们的理智之锚一旦深深置入一个观点，就不愿意接受错误、改变看法并选择离

① 人们在进行决策时，会过度偏重取得的第一笔资讯（即锚点），即使这个资讯与这项决定明显无关。在进行决策时，人们倾向于利用最早取得的片段资讯，快速做出决定，在接下来的决定中，再用第一个决定为基准点，逐步修正。但是人们容易过度利用第一个锚点，来对其他资讯与决定做出诠释，当第一个参考用的锚点与实际上的事实之间有很大出入，就会造成偏误。

开。所以，要让兔子改变心意，会是一个非常缓慢的过程。

当初，花了两年半的时间，我才让那只兔子改变对 Vyke 的看法；另一只兔子则花了近两年，才回应 Raymarine 股价下跌的情势；还有一只则始终未改变对 Vostok Nafta 的看法。兔子会不断出现类似的固执。

有趣的是，锚定效应也能解释，为何企业财报总会接二连三地“出乎意料”。若是兔子属性的分析师，会倾向于慢慢调整对企业盈利的预估，因为没人喜欢承认自己错了，尤其当这个调整是一百八十度大转弯式的改变。也碍于修正预估的过程缓慢，于是企业财报总是不断地“出乎预料”。

4. 既得利益者的情感负担

想象一下，你以 1000 英镑买了一块金条，隔天我出价 500 英镑跟你买，你会卖给我吗？

我想多数人都不会卖。

如果我翻开报纸，跟你说金价在一夕之间崩

跌，现在在公开市场出售金条每块只能拿到250英镑，你会改变主意吗？

你大概还是不会卖，多数人应该也一样。因为你把这块金条的价值，定在1000英镑。此外，你拥有既得利益（你拥有金条），因此相信这块金条的价值，会高于市场出价。这就是所谓的**禀赋偏误**①（endowment bias）。

如果我请你为金条定价，我猜至少会是1000英镑，因为这是你的**锚定价值——也就是你当初买的价格**。

这也是我管理专业经理人的经验，他们几乎不可能接受短期内的重大损失。比起直接出清仓位接受损失，投资人更愿意继续紧抱下跌的股票，原因不只是人们相信索德定律②（Sod's Law），认为股票价格将在卖出后上涨，还包括兔子无法实际承受亏损，因为他们太清楚自己已为这些赔钱的股票付出多少。

---

① 指同一物品，人们拥有后会倾向于高估物品的价值，不肯随便放弃。

② 有可能会出错的事，就一定会出错。和墨非定律相似。

现在，请你再想象一下，你已持有这块金条十年，也不记得多年前购买的价格了，我猜，你现在以500英镑卖出的可能性更高了。只要你无法记得当初的价格，就更容易售出。况且，我的出价是市场价的两倍，因此这似乎是笔划算的交易。

5. 群众的力量

神经科学家已用研究显示，当我们不从众时，扁桃体这个与大脑恐惧感相关联的部位，就会变得灼热。也就是说与群众对立，会让人感到紧张。因此，愿意独树一帜或不怕被其他人讪笑的投资人不多。

不过，和兔子做出一样的投资行为时，就得面临损失。这种屈服于同侪压力的特性，造成多数经理人只会在多头行情①快结束时才买进。没人想在邻居与朋友都赚进大笔财富时，被当成只会观望的傻瓜。

① 指投资者对市场看好，预计股价将会上涨，于是趁低价时买进股票，待股价上涨至某一价位时再卖出，以获取差额收益。

身为一个基金经理人，我能证明，促使你买进一只正在上涨的股票，有很大的原因是来自心理压力。相反的，当手中持股正在下跌，你还必须对抗出售的催促声浪。快乐、痛苦与疑惧的感受，都能解释投资人的行动与疏忽。

投资小语

长期投资的经理人，多半都会招致更多的批评，因为如果他短期内无法成功，将不会获得太多宽容。

而且世俗的想法告诉我们，要获得名声，用传统的方法失败，会比用非传统的方法成功更有效。

——约翰·梅纳德·凯因斯

（John Maynard Keynes，英国经济学家）

6. 专家特别爱面子

兔子不喜欢自己错了的感觉。事实上，比起赚钱，他们更在乎“自己是对的”。我认识的许多专业人士都是如此。

不管何时，若有一只兔子为他赔钱的投资辩

护，我总会想起股神沃伦·巴菲特（Warren Buffett）的一句名言："预测不会透露太多未来，倒是透露出许多关于预测者的事情。"

兔子其实都来自于纳西姆·塔雷伯（Nassim Taleb，《黑天鹅效应》一书的作者）所称的极端世界（Extremistan）的虚拟国度——他们从不会接受自己是错的。

事实上，世界上最厉害的投资人也会犯错，我的研究显示，你应该预估他们至少有一半的时间是错的。

7. 都是别人的错

行为心理学有一个专有名词，用来形容当人们运气不好时，会怪罪其他人或外部因素；在一切顺利时，又独揽所有功劳的情况，这被称为**自我归因偏误**（self-attribution bias）。这正是我们没有从过去的错误学到教训还不断重蹈覆辙的关键因素之一。

每当兔子在为赔钱的投资辩护时，都会提到两位恶棍。不管我听到这两位恶棍多少次，都还是会感到惊愕。这两位恶棍就是**市场先生**（市场很笨）以及他的伙伴**坏运气先生**（这不是我的错，我只是运气差，因为没人能预料到会发生……）。

兔子不但擅长怪罪于这两位恶棍，在Raymarine的例子里，其中一只兔子甚至还把自己的毫无作为怪罪于一位真实存在、偶尔才会出现的恶棍——流动性。然而，认真的投资人根本不会遇到他。

8. 用更多的资讯证明自己是对的

兔子还会出现一个与自尊跟自我归因偏误相关的问题，就是：当兔子赔钱时，他接下来会做出一个保证——去进行更多研究，才能在接下来做出正确的决定。

遗憾的是，“进行更多研究”这个主意，并没有那么棒。举例来说，如果这项额外的研究，是由当初推荐这只股票的分析师进行的（这在伦敦金融城和华尔街都很常见），他们只会说服大众相信原先推荐大家买进的论点，而不是承认自己错了。

此外，如果这位分析师还受到基金经理人与知名人士的喜爱，这代表兔子不可能挑战他或她的看法。

如果你仔细研究分析师在做出结论前必须考量的变因与假设，将会震惊地发现，他们其实一点自信也没有。

许多兔子已担任专业基金经理人数十年，掌控大量资产，还得争取客户名单。如果他们发现一笔投资有问题，最常做的就是拿起电话，直接打给该公司的执行长，搞清楚该股票下跌的真正原因。只要执行长保证当前困境只是一个小颠簸，就算媒体持续大肆炒作，兔子也会维持现状，不会买进更多，但也不会卖出持股。

在危机时期，要“进行更多研究”的其中一大主因，来自于必须推卸责任。当决策者必须做出难以抉择的决定时，会拉进更多人参与，这很常见，越多人参与决策，他们就越轻松，因为事情一旦出错，也不会是他们的错。

在企业里，外部顾问之所以存在，就是因为

董事们不愿意做出影响重大的决定。所以，董事会在做重大决策时，倾向于大幅度依赖外部顾问。

各种聚焦于赌博的研究都指出，纵然取得更多资讯能提高信心，却不会提高他们决策的精确度。

当投资赔钱时，你会想要继续证明自己是对的吗？要小心，不肯承认错误，只会让你越赔越多。

投资小语

有时候，我必须告诫自己别太注重数学，数学的危险在于，会让你觉得自己知道的比实际知道的还多，最后反而会执着于几个百分点，而不去思考其他对手在做什么。

——乔纳·雷勒（Jonah Lehrer，美国作家）

9. 金额大到不能赔，干脆先摆着

一如许多经理人，相较于小仓位的亏损投资，兔子更不愿意出清大仓位的亏损。希曼苏·米什拉（Himanshu Mishra）、阿鲁尔·米什拉

（Arul Mishra）、达那杰·纳亚坎库潘（Dhananjay Nayakankuppam）、普里亚·拉古比（Priya Raghubir）及乔伊迪普·斯里瓦斯塔瓦（Joydeep Srivastava）等学者所描述的**面额效应**（denomination effect），就有助于解释这种现象。

他们的研究显示，相较于面额较大的纸钞，人们倾向先把小面额的纸钞或硬币花掉。若套用在投资中，就是亏损越大，多数人就会变得越紧张、越犹豫不决。

与我共事过的投资人都毫不犹豫地坦承，在他们管理的基金里，有些基金持有多达100只股票，要卖出其中一只亏损股票相当容易，因为这只股票只代表整体基金资产净值的1%，因此，若该股跌40%，整体损失只有0.4%。

然而，若这只股票是10只里的其中一只，每只股票平均占10%，因此，卖出这只股票就代表管理的总资产将确认4%的损失。

10. 这回，该换我赚了吧！

兔子型投资人常因赌徒的谬论而受苦，他们

认为如果某只股票近来表现不佳，之后上涨的机会就会更高，这是错的。

这就像你在赌场赌轮盘时，在连输好几场后，会开始出现“应该换我赢了吧”的想法。

就算每次输赢的概率都是50%，一如掷硬币，上当的赌徒仍相信，就算一直输，只要他玩得越久，赢的概率就越高。

但事实上，每次出现硬币正面的概率都是50%，因为每一次都得视为一次独立事件，先前掷过的所有硬币，都不会对下一次造成任何影响。

三、只要这样做，买错股票还能赚

——多问你自己：“当我有一张空白支票时，我还愿意买这只股票吗？”

坏消息是，大家都有可能是兔子；好消息是，只要做一些简单的动作，就能避免成为兔子。

1. 永远备妥退场计划

投资的重点在于概率。你是否该投资，取决于成功的机会大小与你的优势。在了解掌握这些信息后，你便该明确知道，当你投资的股票出现跌幅达20%、50%等情况时，接下来要怎么做。

多数人在面临令人痛苦的股价下跌时，会什么都不做。他们会变成兔子，先是拖延，让自己的思想与决策陷入一片混乱，然后，希望时间能解决问题，这样他们就不必做决定。

要避免这种处境，就要事先拟定一套计划，假设投资发生问题时，该采取哪些行动。兔子不会有计划，但你可以有。

计划里要采取的必要行动，真的都很简单，一如下一点要解释的，就只有两种选择。

2. 卖出或加码，没有“再看看”

当你持有一只正在赔钱的股票时，除了感觉糟透了外，也自责不已，只希望自己能回到过去，然后在夜里辗转难眠。

有些人甚至转向宗教的力量，祈祷上天能介入：

“亲爱的主，如果让股价回到我一开始买的水准，让我能不赔钱而脱身，我未来将成为一个好投资人，不再要求赚钱或渴望获利。”

我承认，我不止一次做过这种事（那是以前），可惜的是，这于事无补。

化解赔钱处境的唯一方案，就是出清仓位，或大幅加码持股。若你想要在股市存活并且做得更好，就必须**大幅调整**。

赚钱笔记

输家之所以总是输家，

因为他们未能大幅调整

在亏损的920笔交易中，若以经理人买进与卖出股票的时机评估，仍有32笔（3%）因为中间有新的交易活动而获利（就是指在一开始买进与最后卖出的这段时间里，买进更多股票）。

也就是说在这些亏钱的投资里，如果经理人决定紧抱持股，并据以大幅调整，许多投资是可以获利的，了解这点很重要。

可惜只有少数人有勇气做出改变，即便这么做的好处很明显，我们将在第三章谈到这点。

股价在投资之后下跌，就是市场在告诉你“你错了”。若真心认为投资这家公司是正确的，那么显然问题出在时间点，越快坦承自己犯错，并采取相应措施，之后获得成功的概率就越高。

要常问自己一个关键问题，也是我现在会问所有投资人的问题：

“如果我现在有一张空白支票，正在找寻投资标的，就我目前知道的资讯，我会买这只股票吗？”

如果你对上述问题的答案是“不会”或“可能会，但是……”，那么你就应该卖掉股票。

如果你决定现在不会加码买进，但又不想卖掉，要小心，这只是禀赋偏误在作祟，不是一个合理的投资理由，卖掉吧！

传奇投资人彼得·林奇（Peter Lynch）也曾采取过类似的做法：

“我每隔几个月，就会以第一次听到这些投资题材的态度重新评估，是要跳脱基本面恶化与价格上涨的局面然后进入基本面好转但价格下跌的处境，还是逢低买进表现最差股票……**如果你不能说服自己，在股票跌25%时加码买进，那么你将永远无法从股市赚进丰厚利润。**”

当股票在赔钱时，不能什么都不做，因为若股价将要上涨，就代表应该投入更多资金；若股价进一步下跌，你就该减少持股。

兔子之所以是糟糕的投资人，是因为不单只

是他们拒绝接受自己错了，真正的问题在于，当他们发现陷于赔钱的处境时，仍拒绝采取行动。

如今，**我会在一只股票跌幅超过20%时，开始向我手下的经理人施压**，以确保在无法挽回的伤害出现前，就先采取行动。

我已了解到，在厉害的投资人赔钱时，不能相信他们还能做出正确的决定，就像顶尖运动员，他们一样需要教导与管理。

3. 别孤注一掷，保留加码火力

从前面几点可以推论出，永远别将资金投入你原先觉得可行、却无法在股价下跌时加码买进的仓位，这是差劲的资金管理。而是应该保留一些火力，有备无患。

这也有助于抵销面额偏误——就是觉得一笔投资大到无法调整。

投资小语

在我的基金中，我会调整自己的投资组合，把10%的资金均分到各个赌注（以了解成功机会）。这不是最好的安排，但能看出我哪一个想法表现得最好。

有许多次，我认为表现应该较糟的几个，居然都比我最有自信的押注来得好。

——莫尼斯·帕伯莱

（Mohnish Pabrai，印裔美籍投资专家）

4. 进场时别犹豫，退场时别迟疑

我们都该记住以下这句睿智的话：

“请神容易送神难。”

戴维斯在他撰写的《要正确还是要赚钱》（*Being Right or Making Money*）一书中，以1929年到1998年的道琼斯工业指数为参照，许多投资人在空头市场期间的损失，通常都是在最后第三波的跌势。

这说明了虽然提早减码赔钱的仓位很难，但却是合理的。原因在于出清股票，有助让自己脑袋更清晰，因而能更客观评估局势。这就像得了感冒后，吃一颗通鼻塞的药。

此外，一开始先降低仓位，再随着时间演进缓慢买进（也就是定期定额），是为了确保你在股价开始重挫（假设会重挫）后，拥有充足的弹药加码。

赢家与输家的区别是什么？答案很简单——赢家犯小错，输家犯大错。

5. 记住，正确跟赚钱之间是有差别的

就算你相信自己没错，也要记住这句名言：“没什么事情能比得上一个好点子适时出现。”（There is nothing like an idea whose time has come.）在投资领域里，许多成功的投资都要归功于在正确的时刻，投资正确的标的——也就是运气。

这里有个经典案例——莱克爵士（Freddie-Laker）1966年创立的莱克航空（Laker Airways）。

莱克航空在1977年成为全球第一家廉价航空，主要经营往返伦敦盖特威克机场（Gatwick）与纽约肯尼迪机场（John F. Kennedy）之间的低

成本航线。

但因为经济衰退、油价高涨、汇率波动，以及想法太过于领先时代等因素的综合影响，莱克航空在 1982 年破产。相较之下，如今有许多航空公司成功经营低成本航线，例如欧洲最知名的廉价航空公司瑞安航空（Ryanair）与易捷航空（easyJet）。

6. 找跟你观点相反的人聊聊

当人们赔钱时，最不喜欢听到“你错了”之类的话，他们希望听到的是安慰的话，就像我们有时候去看医生，只是想听到医生说“一切都没问题”一样。

然而，你真正该做的，是找跟你观点相反的人聊聊。

通常在理想状态下，在你这么做的同时，应该先卖掉这只赔钱的股票，如此一来，你已排除既得利益的情感负担，这能减轻禀赋偏误，而且你稍后也能买回这只股票。

如果在掌握情报后，决定不再投入资金于特

定股票，就是承认这笔投资已死；如果你还没卖出持股，那么现在就该出清。

7. “市场是错的”概率极低

许多兔子型的投资人，都聪明绝顶，其中许多人还拥有企业管理硕士（MBA）学位、特许金融分析师（CFA）证件，还有一堆显示他们比市场上其他投资人更有分析优势的条件，所以他们应该充满自信，也让人信服，因为他们从不会说：“我不知道。”

但这样的心态相当危险。首先，一般投资人会在买卖的过程中，变得越来越专业。其次，掌握更多知识，容易导致一个人“见树不见林”。

历史上可以找到许多出现这种情况的案例，我最喜欢的，就是华纳兄弟影业创办人亨利·华纳（Harry Warner）在1927年说的：

“有谁想听演员说话啊？”①

还有 IBM 前董事长托马斯·沃森（Thomas-Watson）在 1943 年说的：

“我认为就全球市场而言，大概只要五台电脑就够了。”

令人意外的是，专家都不擅长预测。当你对自己的吹嘘信以为真时，就已经犯下连世界上最不聪明的人也不会犯的错误。

巴菲特在谈论长期资本管理公司（LTCM）破产时，曾对“10～15 个智商平均可能高达 170 的人，竟会让自己陷入赔光资金的处境”这件事感到惊讶。

而群众也经常出乎意料的聪明，就算个人是错的，市场也会是对的。

1987 年时，美国经济学家杰克·特里诺

① 在当时，电影是以无声电影为主。有声电影对大众来说是全新的玩意，许多电影公司并不看好这块市场，生怕会流失固定的观众群，此时华纳兄弟的电影公司正面临倒闭危机，因此他们将有声电影当作赌注，拍摄爵士歌手的电影，没想到广受观众欢迎，获得前所未有的成功，其他电影公司也群起效仿。自此，有声电影成为一股不可抵挡的洪流。

（Jack Treynor）向56名学生展示一个装满软糖的罐子，问了一个简单的问题，罐子里有几颗软糖？答案是850颗。没有任何学生答对，这应该不令人意外。

比较令人意外的是，尽管每一名学生猜测的数字分布范围很广，而且这些学生猜测的的数字平均值只与850相差2.5%，但也只有一名学生猜的数字，比平均值更逼近实际数字。

瑞士信贷集团的运营总监迈克尔·毛伯辛（Michael Mauboussin）在2007年也与73名哥伦比亚商学院的学生做了这个软糖实验，他的发现也证实了特里诺的研究。罐子里软糖的实际数量是1116颗，学生们猜测的数字从250到4100都有，而这些“错误”猜测的平均值是1151，只与实际数字相差3%，但还是只有两名学生的猜测值，比平均值更接近实际数字。

下次你要拍桌大喊“我是对的，市场是错的”时，别忘了这件事。研究显示，平均而言，只有49%的好点子会赚钱。如果这还没让你警醒，另一份研究发现，就算经理人对自己挑选的股票有 100% 的信心，但其实只有 12% 是正确的。面对市场时，你应该预设自己的想法是错的，并在投资时谨记这点。

8. 保持安静，少吹嘘

要当心和你讨论投资的人们以及他们讨论投资的方式。有些人对自己买进的股票有近乎宗教式的热情，也非常喜欢公开分享自己的看法，希望越多人听到越好。

遗憾的是，这么做的人，退场时往往都会像个傻子一样。如果兔子不吹嘘预期的报酬率，或许不会在被卡住时进退维谷。

索罗斯的反射理论（reflexivity theory）指出，市场不只预测未来，还协助塑造未来。

反射理论实际上就是一种双向的回馈机制，在这个机制里，现实会塑造参与者的思维，而参与者的思维又协助塑造现实，整个过程没有止境，因此我们不该固执己见。

所以，当有人开始向你吹嘘他的投资想法时，记住，要和他保持距离。

投资小语

在所有形式的错误里，预言是最没必要的一种。

——乔治·艾略特

（George Eliot，英国作家，

《米德镇的春天》（*Middlemarch*）作者）

9．别低估下跌风险

许多为我工作的兔子，都喜欢一飞冲天的股票，若顺利开展，这些股票都拥有强大的上涨潜能，也难怪他们急着抢进。

遗憾的是，相较于损失有限的金融选择权，这些股票的下跌空间反而更大。虽然获利庞大的展望降低了亏损的可能性，但仍不能忽视。

解决方案很简单：以投资选择权的方式对待这些股票，投资一笔你愿意损失的金额。方式就比照你付出一笔一次性的费用（称为溢价），买进一只股票选择权，这代表若选择权合约到期又处于价外（编者按：out of the money，也就是股票的现货价格低于履约的买进价格，此时到期履约会造成损失）时，你最多就损失这么多钱。

如果这只股票是崩跌、而非大涨，你损失的金额还不会太具毁灭性。

10．价值投资还是王道

许多研究都显示，题材很差的股票，反而容易产生最高的报酬率。

换句话说，价值投资（编者按：投资一些因为题材不好而没人喜欢、导致股价下跌的便宜股票）会随时间推进而产生最高的报酬。

虽然我不是在鼓吹避开“磁铁股”（或“话题股”）的股票，但别忘了，市场总是有各种不同题材的股票。

11．要是……该有多好

多年来，每当听到很多兔子型投资人对于搞砸事情的解释，我总是觉得很好笑。

也就是说，没人想要承认自己错了，特别是我们还必须向老板报告、并解释自己行为是合理的时候。

与其想出稀奇古怪的说法，只为了解释某一笔投资没赚钱，我更建议你把这个倾向当成一种优势，但是得反其道而行：事先熟悉所有老掉牙的借口，这样你才不会浪费时间愚弄自己或其他人，并且不断犯错。

以下是我过去几年听过的一些借口，我把它们整理后列了一个清单：

a）“要是……该有多好”

b）“我本来是对的……”

c）“只是还没发生”

d）“我在投资的时候，谁能想到会发生……”

彼得·林奇在他撰写的《彼得林奇选股战略》（*One Up on Wall Street*）一书中，列出人们谈论股价时，会讲到的12句最愚蠢（与最危险）的话，其中有些话也值得列在清单里：

e）股价已经跌了这么多了，就不会再跌到更低。

f）股价触底时，你会知道的。

g）股价最后总会回升的。

h）我将在股价稍微回升时卖掉。

手上有这个清单非常有用，尤其当你在赔钱时，不妨看一下，问问自己是否会用这些借口作为没卖股票的理由。

12. 别相信专家

最后，不管你是否在金融业工作，还是打算把资金托付给专业人士，都应注意到：如果认为因为投资专家受过高等教育、又有多年经验，就代表他们很会赚钱、押注的股票就会正确，这个想法只会使投资陷入危险。

四、纪律，就是执行赔钱时的行动计划

——要常想到：“随时出清比全部赔掉好。”

兔子型的投资人继续紧抱赔钱投资的原因之一，是害怕未知。他们担心如果出清后，股价反而大涨，错失涨势。因此，紧抱当前亏损，会比发生双重打击来得好。

这就是所谓的**模糊趋避**①（ambiguity aversion）心态，形容为何人们会宁愿维持难以容忍的现况，因为替代选项有可能更糟，还不如跟熟悉的魔鬼打交道。

谈到亏损的投资时，这个心态虽然夸张，但兔子也已习惯用这个心态来捍卫自己的毫无作为。以下这只兔子投资的例子，就能显示这种思维的错误之处。

---

① 个人倾向规避不确定事件的发生，在面对选择冒险时候，会拿已知的概率作为依据，而趋避不确定的概率。

个案研究：Titan Europe

Titan Europe 是一家工程公司，设计并生产轮子以及用于农业、营建与矿业越野车辆的底盘零组件。

Titan Europe 声称，其制造与经销中心遍布美国、巴西、中国及日本等国。我旗下一位经理人在 2008 年 12 月 5 日卖出这只股票后，其股价涨了 307%，这件事真是让所有经理人感到愤怒，但这不是重点。

在这个案例里，这位经理人在之前两年持有这只股票时，就赔了 95%。事实上，就算他选择维持投资，整体还是会亏损 82%。

唯一能挽救这种局势的策略，就是卖掉所有其他投资，在这只股票跌 95% 时投入所有资金，进而把他的个股成本降到足以赚回亏损的水平。

这个策略的问题在于，这相当于走进一家赌场，然后把所有筹码都押在会赚钱的赌注上。

这个策略只有两种结果：奏效或没用，就是一翻两瞪眼。

赚钱笔记

摧毁财富

我针对 946 件赔钱投资的分析显示，有 19 件（只占整体的 2%）的亏损超过八成。在这些投资中，又有 131 件（占 14%）的亏损超过四成。

这显示，多数与我共事的专业投资人，都体会过“资本大失血”的危险。

要持续摧毁财富，其实不用花太多心力，只要放任一到两笔亏损就好。

当你已经赔这么多钱时，光是要补回损失的本钱就需要非常高的报酬率，更不用说要转亏为盈、赚进利润。以下是最后一个兔子投资的重要范例。

要赚钱，你必须拥有资金。换句话说，要获利最大化，就得大幅调整以缓和局势，当我们谈到刺客和猎人时，你将看到这种情况：一直损失资本，会摧毁财富。

我把这个最棒的个案研究留到最后，是要确保在你开始看之前已经坐下而且手上没有热饮，以免吓到打翻。

个案研究：Cape

我旗下一位经理人在 2007 年 9 月 28 日，以每股 2.79 英镑的价格买进 Cape 的股票。Cape 被认为是在能源与天然资源产业里首屈一指的服务供应商，其服务从工业清洗、喷漆一直到涂层，服务范围遍布欧洲、非洲及亚洲。

不幸的是，因为 2008 年一只黑天鹅以全球金融海啸的形式袭来，使得对景气循环敏感、又有负债的企业股票容易遭抛售。Cape 作为一家小型股企业，在投资人急着出场之际，自然也受害，缺乏流动性又加剧了这个问题的严重性。

他最后在 2009 年 3 月 10 日以每股仅 0.18 英镑的价格卖出 Cape 股票，亏损 94%。

在这个故事里，最令人吃惊并非这种亏损幅度，也不是在安度这场危机后，Cape 的股价涨了惊人的 1129%。

这个故事最令人讶异的是，就算这位经理人没卖 Cape 的股票、并享受到股价的惊人反弹，他还是亏损 32%！

遗憾的是，就算你能保持坚定、不轻易卖出，但要遇到股市的巨大涨幅并不太容易。所以，如果你紧抱一只大跌的股票又什么都不做，基本上就是在挖一个深到自己怎样都爬不出来的洞，只会让财富持续遭到摧毁。

我相信，就算是最厉害的投资人，也常会忽略一个事实：如果他们任由一只股票跌 90%，又什么都不做，股价就需要大涨 900% 才能损益两平，但这个数字超乎常理。亏损 50%，就代表要 100% 的报酬率才能损益两平。

显然，我团队里的多数成员都知道承受巨幅亏损的危险，所以在伤害出现前就采取行动。

赚钱笔记

跟损益两平道别

如果有人好奇想知道，如果这些兔子紧抱已大跌的股票，能否把钱赚回来，我就来满足一下你们的好奇心。

在股价下跌超过40%的131笔投资里，只有21笔最后的报酬率超过100%。1/6的概率不算高，而且报酬率仍无法达到损益两平。

扑克牌的教训

我们在做决策时，愿景是最大的决定要素。对兔子而言，他们之所以会投资上百万美元在最后赔钱的企业，就是被自己脑中的愿景所蒙蔽。

这里的教训就是，不要被你的想象所欺骗。最重要的是，**要拟定一套“发现赔钱”时的行动计划**，即便在你的认知里，仍认为自己没错。

“没有任何事情会确切照计划进行，但我们会安排打造对接舱。”宇航员克里斯·哈德菲尔上校（Col. Chris Hadfield）第一次任务的目标，就是为了使飞船接上太空舱，到俄罗斯太空站建造对接舱。

本书中，兔子与成功投资人之间的差异，就是**兔子赔钱时，什么都不做**。我们将会在刺客与猎人身上看到，刺客与猎人会果断行动，帮助自己脱离深陷的困境。

除非是只有兔子他们自己在打扑克牌，否则所有玩家都知道，重要的不是你赢了几把，而是在赢的时候赢了多少，输的时候又输了多少。

扑克牌的每一把都代表一个故事，而玩家的目标，就是不管牌面是好是坏，都要试着赚钱。如果牌面很差，那么就不要紧抱，花钱解决问题；如果连概率都对你不利，就应该盖牌、减少损失，等着下次较量的机会。

同样的，如果拿到一手好牌，但接着翻牌时却发现这一手牌没有原先想得那么好，也该盖牌。

著名投资人吉姆·罗杰斯（Jim Rogers）曾被引述说：“我的基本建议是，不要赔钱。”他显然很明白这个道理。

投资小语

生存下来的物种不是最强壮的，也非最聪明的，而是最能适应改变的。

——查尔斯·达尔文

（Charles Darwin，英国生物学家）

第二章

纪律，
让你买错也能获利，
就像进退有据的刺客

巴菲特曾透露他投资成功的规则：“规则一，绝不赔钱；规则二，绝不忘了规则一。”

第二种投资人类型，我称之为刺客，他们严格遵守着以上规则。他们会为了维护本金，无情地对亏损仓位扣下扳机，然后还能像什么都没发生过似地生活。

我不知道别人会怎么做，但每次我出清亏损仓位时，会很难摆脱低落的心情。我会一再想起错误，然后斥责自己，就像知名艺术家爱德华·蒙克（Edvard Munch）的名作《呐喊》（*The Scream*）里的那个人。

尤其我在出清后，很难不去确认那只股票之后的表现。

这些都不是重点，重点在于，刺客非常清楚，任由手上的资金持续减少却不采取任何行动，无疑是在摧毁财富。如同我们在上一章看过的，巨额亏损将迫使我们得做到难以达成的整体正报酬。所以人们反而应该对尽快刺杀亏损感到开心。

如果上一章仍没能说服你，看看下面的表1。

表1　亏损的冲击

亏损幅度	损益两平须取得的涨幅
-10%	11%
-20%	25%
-33%	50%
-50%	100%
-75%	300%
-90%	900%

一些基金经理人在对待亏损时，会采取和刺客相同的途径。知名的避险基金经理人史丹利·朱肯米勒（Stanley Druckenmiller）曾观察他的同业索罗斯：

“他是我生平所见最能承担亏损的人，他不在意这笔交易是赚还是赔，如果这笔交易不赚钱，他也有足够的自信，能从其他交易赚回从出清仓位赔掉的钱。”

一如索罗斯，刺客知道，成功投资的重点在于不对等的报酬。换句话说，**获利的重点，在于确保报酬上升的潜力远大于亏损扩大的可能性**。

成为像刺客一样冷血无情的人应该不是太难，而我喜欢刺客之处在于，他们以仰赖一些神圣的规则维生。

这些规则源自于过去的经验与信念，最后成为他们成功的关键。只要发生亏损时，他们会靠规则而非情感的驱动做出决定。

他们相信，当市场变得不利时，靠自己做不出正确的决定的。

刺客会冷静地仔细思考两个规则：一是他们会在**投资前事先计划**；二是知道自己在投资之后会怎么做。他们之所以这么安排，是因为知道当压力来临时，自己可能会在“脑充血”（或情绪主导）的心境下，做出差劲的决定。一如《孙子兵法》里的古老谚语“不战而屈人之兵”（不通过直接交战而使敌方屈服）。

下一节讲述的是刺客陷入赔钱处境时会遵循的规定。我研究里发现的资料将显示，为什么这些规定很合理，我也会列出刺客在实务上遵循规定的案例。

一、刺客严守教条：一买进就设停损点

——呆板的机制会帮你少赔很多钱

刺客之所以能成功，就是因为他们很清楚当个刺客有多难。要“刺杀”一笔亏损的交易时，阻止他们这么做的理由会排山倒海而来。

他们决定不靠自己扣下扳机，而是靠单纯但精密的机制来让武器能在正确的时间自动发射，毫不拖延地除掉目标。

这个机制就是**设定不高的停损机制**。

损失 20% ~33% 就刺杀所有亏损仓位

刺客的规定是要求自己**在买进股票的同时就设定停损点**。如果股价跌到一定程度，就会启动停损机制，自动出清所有持股。

在交易里，设停损点很常见，但在投资里却

较少见（所以一些刺客会是避险基金经理人，绝非巧合）。多数投资人比较偏好“评估”价格，一旦触及特定价位时，就会不由自主评估持股，以决定下一步的动作。理论上，这听起来很棒，就像冰箱会发出警示音，提醒你门没关。然而，这个做法的问题在于，基金经理人经常“没关上冰箱的门”。

评估持股会给人带来掌控的错觉，但并非实际掌控。因而改为设停损点的好处更多。

那么，你该把停损点设在什么地方呢？

传奇投资人与艺术收藏家、路博迈公司老板罗伊·纽伯格（Roy Neuberger）就把他的成功归功于设定10%的停损点。他总是在亏损到达10%时就刺杀亏损，不管发生了什么事。**及早承认自己的错误，并立即采取行动**，是他的座右铭。

刺客也一样，但他们设定的亏损仓位停损点略有不同，这取决于他们各自的经验与偏好，但几乎所有人都设定于20%～30%的区间。虽然纽伯格的规定是10%，但我的调查结果更支持刺客的做法，把停损点设在20%～30%的区间，能避免你错失真正能赚回损失的机会。

赚钱笔记

33%的停损点设定

亏损33%，代表之后需要50%的报酬率才能损益两平。我的研究显示，在赚钱的股票中（共101只），我旗下投资人拥有报酬率超过50%的股票只有11%。

在股票上涨时，人总设定目标价并倾向获利了结，这有助于解释为什么实现这么高报酬率（50%！）的股票会这么少。但事实上，许多股票之后又涨了好几倍或数十倍，却很少有投资人愿意在这段时间紧抱，反而是在赚进小额利润后就出售，放弃了巨额的报酬。

投资小语

系统成功的原因，是因为有找出输家并迅速剔除的能力。

——詹姆斯·索罗维基

（James Surowiecki，新闻记者）

涨回来？你得等十几年——或几十年

以下是刺客实际停损规定的几个范例。

个案研究：Genmab

Genmab 是一家总部在哥本哈根的丹麦生物技术公司，专业为制造癌症抗体疗程。在撰写本书的时候，Genmab 与葛兰素史克（GSK）共同开发的 Ofatumumab 产品正处于第三阶段，若通过这个最后关卡，这对白血病、非何杰金氏淋巴瘤（Non-Hodgkin's Lymphoma）及类风湿性关节炎等病症的患者来说，将是一大突破。若能让世人看到 Ofatumumab 产品的重要意义与安全性，Genmab 将坐拥大片金矿。

然而，投资人过去都未善待这只股票，在一名刺客投资这只股票两周后，发现自己已亏损 30%。

他的停损点设在 -32%，所以他在 2009 年 11 月 16 日以每股 12.43 英镑的价格卖出，而他在2009年10月29日买入的价格为每股18.34英镑。结果显示，他卖出的决定是对的，因为这只股票之后又跌了49%。

虽然承担30%的损失令人恼怒，但他原本会损失65%，需要获得286%的报酬率才能损益两平。

假设股市每年的平均报酬率是8%，以名义价格来说，他需要14年才能赚回所有资金。

个案研究：Dods

Dods是一家主要业务为供应资讯、举办活动及出版的英国媒体公司，三个业务领域都与政治和公众有关。因此我们能说，Dods已成为最可信的政治信息来源。

Dods在国会与政府的支持下，出版国会指南与英国下议院议事程序手册等，同时也为欧洲各国议员提供资料。

Dods从1832年起便在搜集英国国会议事资料，历史悠久，地位难以撼动。该公司甚至有自己的记者，负责报道最新新闻，并提供高品质的分析报道。

知道这些背景后，你可能会想，Dods 是笔安全的投资，怎么可能出错？

一位经理人在 2006 年 12 月 29 日以每股 0.51 英镑买进 Dods 股票，10 个月后，这只股票触及他 39% 的停损点，他在 2007 年 10 月以每股 0.31 英镑卖出，尽管 39% 的损失令人难以容忍，但 Dods 接着又跌了 63%。如果他没卖，这只股票必须上涨惊人的 435%，他才能损益两平——以股市平均年报酬率的 8% 计算，他要花 20 年。

在投资世界里，没有“稳赚不赔”这种事情，如果你看中一家公司后，认为将高枕无忧，那么我建议先拟定事情出错时的计划，再决定接下来的行动，因为世事难料。

个案研究：苏格兰皇家银行（RBS）

在这些个案研究里，出现一家银行股应该不令人意外，因为在 2008 年金融海啸爆发后，银行业发生了很多事。苏格兰皇家银行是英国最大的银行之一。

可惜的是，如今苏格兰皇家银行已成为信贷紧缩的同义词，因为该银行必须接受政府纾困。这也使许多人愤怒，因为他们认为苏格兰皇家银行是大到不能倒的银行。

在我撰写本书之际，拥有苏格兰皇家银行82%在外流通股票的英国政府，已被迫重组该银行资本，以避免银行体系遭挤兑。一位经理人在2008年5月30日，雷曼兄弟倒闭并爆发信贷紧缩危机之前，以每股22.29英镑买进苏格兰皇家银行。

信用危机爆发后，他的动作其实比抵达停损点还快，在2008年10月3日以每股18.62英镑卖出，亏损16%，该股接着又跌了82%。

如果他没卖，手上的股票报酬率可能要达到667%，才能损益两平，以上述的股市年均报酬率计算，相当于要花25年。但勇于承担16%的损失，让他只要花两年就能损益两平。

令我惊讶的是，相较于交易员，一般投资人甚少运用停损机制。的确，许多投资人不认同这种方式，因为他们希望决策有弹性，而非毫不思索地机械式卖出。

我认为，投资人忽略了停损机制的好处。停损机制能在必要之时，迫使人们采取行动。

赚钱笔记

出场为宜

在我旗下经理人运作的946只亏损股票中，有557只（59%）在出售后持续上涨，换句话说，有389只（41%）的股价持续进一步挫跌。

这似乎显示，你应该继续紧抱一只下跌的股票，因为，这些股票约有六成的概率会产出正报酬。然而，请看看以下数据：在被卖掉后还继续上涨的557只股票中，有205只（37%）之后的报酬率低于20%，而低于20%的报酬率，并不足以让你赚回赔掉的资金。

所以整体而言，共有594只（389只加上205只），或者说有63%下跌的股票，在被卖掉后只会产生低于20%的报酬率，其中多数都会让你赔钱。

因此，只有352只（946只减去594只）被投资人卖掉的股票，之后的报酬率超过20%。结论就是，在66%的情况下，减码亏损仓位可能比较明智。

然而，这种观点一定程度上可能会被曲解，因为人们常太快卖掉正在上涨的股票（本书稍后将讨论这种情况）。也就是说，如果投资人继续紧抱下跌的股票，报酬率的确可能超过20%。然而，根据人类的习性，要紧抱正在大涨的股票，实际上非常难实践。

传奇亿万富豪投资人琼斯二世曾说：

“赔钱货终究是赔钱货，所以卖掉赔钱的仓位。”

非常合理且聪明的一句话。

定期出清亏损仓位

刺客守则第二条，可以用一句古老格言完美说明：

“时间就是金钱。”

若持有一只赔钱股票太久（即便损失还没达到20%以上），会对你的财富造成毁灭性冲击。这是刺客敏锐的地方。

但为什么这会是个问题?

根据多数研究显示，股市的长期年报酬率介于7%～9%，这因你开始与结束投资的价位而异。如果你的投资每年赚9%，这代表你的资金在8年后可望倍增。

假设你决定投资一大笔钱到股市，想用赚的钱还清房屋贷款。你也预设每年能赚9%，并计算8年后还清，这代表你一开始投资的金额在8年后要翻倍才行。

遗憾的是，在现实世界里事情很少这么顺利。在这个例子里，假设你在第二年年底发现损失10%，你会说，还不算太坏，这只是10%的“账面”损失，在你需要还清房贷之前，还有6年。

不幸的是，即便是像10%这么小的损失，也会产生重大冲击。因为你现在只剩6年的时间让资金倍增以还清房贷，这表示你每年必须赚到

14.2% 的报酬率，远高于股市的长期报酬率。

即便有这些启示，你还是决定维持投资，理由是股市接下来几年的报酬率将高于长期平均值，因为过去两年的报酬率都比平均报酬率差。

又两年过去了，当年年底你没损失任何资金，但也没有赚更多，你的投资持平，若以绝对数字计算的整体报酬率为 -10%（我还没算通胀可能使你资金的实质价值损失超过 10%）。这时，你认为自己“应该”赚到一些钱了，卖出可能是错的，你的理由是只损失了 10%，很轻易就能赚回来，并且回到长期平均报酬率，再用剩下的 4 年累积资金还清房贷。

可惜的是，你无法充分运用 4 年时间还清房贷，因为每年的报酬率需要达到 22.1%，才能为你做到资金翻倍。这是股市长期平均报酬率的 3 倍，祝你好运。

因此，刺客的第二条规则就是，不管股票跌了多少，在持有一段特定时间后仍没有回涨迹象时，你该卖掉。

多数人都把时间设定为半年，但也因人而

异，我们能从赚钱笔记看到。

赚钱笔记

专业投资人会迅速卖掉下跌的股票

分析数据能发现，有64%的赔钱股票（607笔不良投资）会在投资人初次买进后就被卖掉，另外42%（397笔不良投资）是在3个月内被卖掉，只有17%（157笔）的不良投资被持有一年以上。

的确，99%的不良投资，都在3年内被卖掉，更坦白地说，只有12笔投资在被持有超过3年之后才实现亏损。

多数专业投资人都卖得很快，我确信部分是因为来自客户或老板的外部压力，但当一名心不甘情不愿的刺客，也比不受约束的兔子好。

巨额亏损会迅速毁掉你，小额亏损则是慢慢毁掉你。以下是几句特别能呼应刺客的第二条守则的名言：

“表现最棒的人会为自己设定期限。”“设定个期限吧……不然很难弥补失去的那些年。”

曾为美国首富的杰西·李佛摩尔（Jesse Livermore）也曾说：

“如果觉得自己陷入挣扎，那么就该脱身。”

这能确切总结刺客的哲学。

二、出清是对的，但别卖得太快

——不要被小小的亏损吓到，而错失大涨的股票

但是刺客有个问题，就是很容易变得极端，当损失只有 5%、10%、15% 时，就开始出清亏损。毕竟，让人不开心的事情，何不赶快远离呢！

所以要了解，之前提到的机制可以保护我们免于遭受犹豫不决的后果，但也要避免过度反应，这件事很重要。

以下会用我团队成员的实际案例，说明如果太早（亏损少于 20%）卖出，会发生什么事。这些人原本为刺客，却因过度渴求获利而被逐出这个族群。别忘了，这些例子都是真实案件，都是数百万美元的投资。

个案研究：金巴斯集团（Compass Group）

金巴斯集团是一家总部设在英国的企业，在

超过五十个国家营运，也是全球最大食品服务业之一（提供餐饮承包服务）。该集团每年供应数十亿份餐食给工厂、学校、医院、大学、主要运动场馆及离岸石油平台等客户。

金巴斯集团旗下的子公司 Eurest 支援服务，专门在恶劣的环境中如战争或发生冲突的地区提供大规模的食品服务，军方就是其大客户之一。

我旗下的一位经理人在 2007 年 11 月 30 日，以每股 3.19 英镑买进金巴斯股票。他一年后（2008 年 12 月 2 日）在仅 5% 亏损的状况下，以每股 3.04 英镑清光持股。

在我撰写本书之际，这只股票从他卖掉之后已大涨 143%。的确，整体市场也已大涨，而他卖的价位接近低点，但这个涨幅也超过整体大盘。

个案研究：宝马（BMW）

我们有什么理由不热爱一个人人都想拥有其产品的汽车品牌呢？包括租借惊人数量宝马 3 系轿车的企业经理人，用休旅车接送小孩的中产阶级妈妈，更不用提开着宝马 6 系、宝马 7 系或 Z4 敞篷车，希望能重温年轻时光的中年男子。

我旗下一位经理人选择在 2008 年 4 月 11 日，信贷紧缩爆发前，以每股 34.95 欧元投资 BMW，两个月后，他在 2008 年 6 月 23 日以 32.35 欧元卖出，其实才亏损 7%。在你直接跳到结论之前，我可以向你保证，他卖掉的原因不是预见即将发生的信贷紧缩，而是因为有个更棒的投资题材出现。

在他卖掉之后，BMW 股价涨了 95%。

个案研究：倍耐力（Pirelli）

继续汽车主题，我们从德国汽车巨擘，转向意大利轮胎制造巨擘倍耐力（Pirelli）。倍耐力是全球第五大轮胎制造商，仅次于普利司通（Bridgestone）、米其林（Michelin）、固特异（Goodyear）及马牌（Continental）。一级方程式（Formula One）赛车的粉丝，都知道倍耐力目前是这个运动赛事的独家轮胎供应商。

我旗下一位经理人在 2010 年 1 月 22 日以每股 4.61 欧元买进倍耐力股票，并在短短半个月后，于 2 月 9 日以每股 4.26 欧元卖掉，亏损 8%。如你可能预期到的，在他卖掉后，到我撰写本书之际，倍耐力股价已涨了 103%。

个案研究：Rightmove

Rightmove 在英国是一家家喻户晓的房屋公司。所有不动产经纪商都会在 Rightmove 刊登广告，这使 Rightmove 的营收每年劲增。

我旗下一位经理人在 2009 年 11 月 13 日以每股 5.51 英镑买进 Rightmove 股票，接着在一个多月后，就是 12 月 30 日以每股 4.91 英镑卖出，亏损仅 11%。这只股票在他卖掉后涨了 202%。

赚钱笔记

股价走势翻转的苦痛

在我旗下顶尖投资人所做的 1866 笔投资里，亏损达 10% 的投资有 421 笔（占 22%），其中的 249 笔之后仍进账获利。这意味着如果在小幅损失后就卖出，可能将受股价走势翻转之苦。此外，10% 的亏损能很轻易赚回来，特别是如果你倾向只赚到 20% 后就获利了结。

三、出清后，下一笔投资要小心

——出清亏损会深感赔钱的痛苦，但其实这是一种赚钱的能力

在杀掉赔钱的投资时，刺客不止要表现得“冷血”，还必须在之后，继续维持这个优势。

学者麦可·泰勒（Mike Thaler）和艾瑞克·强森（Eric Johnson）的研究显示，在一个人卖掉一笔亏钱的投资后，他们会出现追求高风险的行为，这被称为**损益两平效应**（break-even effect）。在赔钱的情况下，有机会能损益两平，会显得特别诱人。

你得确保不会掉入这个陷阱。我知道许多专业投资人都犯了这个错，而这跟“职业风险”等因素相关。他们知道如果自己不扭转赔钱的结果，就会被炒鱿鱼。

当你在出清亏损的仓位时，其实就代表你正在做两个决定：

a）把钱投入这只股票不再是个好主意。

b）把资金投资到其他地方，会取得更高的报酬（这是机会成本）。

如果第二个选项很吸引人，就只能把这笔资金再度投入另一只股票。彼得·林奇曾说：

“在90%的情况下，如果A公司的发展比B公司更好，我就会卖掉B公司的股票，特别是如果B公司的愿景开始让人觉得不可能实现。”

林奇所说的就是从现有的想法中，挤出新点子。因为，缺乏好的投资选项，绝不是继续把钱放在赔钱标的的借口。持有现金也是其中一个选项，一直埋头吃饲料会非常危险，一如华尔街的谚语：

“牛会赚钱，熊也会赚钱，但猪会被屠宰。”

（编者按：Bulls win，bears win，but pigs get slaughtered. 牛常是指持多头观点的人，熊则常指持空头观点的人，猪则是指随市场起舞又常追高杀低的人。因此这句话的意思是，在没准备好、没拥有正确的知识前，别进场投资，投资时也别摇摆不定。）

迅速卖掉赔钱的股票是关键，但为什么我们还会陷入挣扎？

或许是因为现实的亏损会比单纯账面亏损痛苦十倍。早在 1979 年，卡尼曼与特维斯基进行的一份开创性研究就显示，**赔钱会让我们感到痛苦**，例如，赔 50 美元的感觉，会远糟于赚 50 美元的喜悦。我们会觉得卖出一只赚钱的股票很容易，而且很开心，但要出清赔钱的仓位时，却会感到很困难而痛苦。

况且我们也不知道一只股票会不会在卖掉后就大涨。这个想法让很多人动弹不得，因而毫无作为。

当你开始为出清赔钱仓位感到困扰时，必须要放长远的眼光想，你是在阻止投资恶化。

投资小语

生活和事业都有两种基本原罪。

第一种是没思考过就仓促行动，第二种是完全没有行动。

——卡尔·艾康

（Carl Icahn，**美国投资家**）

持续缩减亏损，也是一种赚钱能力

刺客是最有纪律的投资人，而使他们具备赚钱能力的主要因素，在于能持续缩减亏损。

纽约大学财经教授安德烈·弗拉奇尼（Andrea Frazzini）教授的研究也支持刺客的做法。这份研究显示，**达成最高投资报酬率的投资人，都是出清亏损仓位率最高者。最少出清亏损的投资人，则是报酬率最低者**。

弗拉奇尼指出，97%的大众都有“紧抱下跌的股票，又对上涨股票获利了结”这种赔钱的毛病。我在聘用新的投资经理人时，会分析他们过去的交易行为，以观察他们是否会过度受这种病症所苦。对我而言，我只想跟能在赔钱时大幅调整持有仓位的人共事。

我用来避开赔大钱的方式，或许很欠缺刺客的风格。我会在一张便条纸上写着：

“输家会跟输家闲混，但赢家则会和赢家共处。”然后贴在电脑屏幕旁。

我需要提醒自己，这有助于我避免把总是愿意承担小额损失的经理人，归类为糟糕的经理人。如果有一位投资人，多年来一直跟你说自己错了，你会认为“这个人毫无用处，他从没做对任何事”。然而，事实上，他们深知对的操作方式，而非在乎自己是对的这件事。特别是他们知道，**如果自己想成功，提早出清亏损仓位很重要**。

他们是刺客，而这不是坏事。

我花了几年才了解这个基本道理，而我只有在以实际数据支持这个论点后，才明白这个道理对实现成功投资来说，有多重要。

投资小语

行动计划都有风险和成本，但这些远比不上长期安逸没有作为所带来的风险。

——约翰·肯尼迪

（John F. Kennedy，美国第 35 任总统）

第三章

大跌时，猎人选择加码，硬是做出获利空间

我们会在本章遇到猎人，猎人成功的主要原因，与刺客不同，**猎人不但不会出清亏损仓位——他们还会大量加码买进**。相较于出清表现不如大盘的个股或者就此罢休，猎人会悄悄跟踪猎物，等到猎物日益疲弱，也就是每次股价暴跌时，大幅买进。

接着，他们带着这些有价值的资产安稳休息，等着股价回涨，最后再卖出，赚进丰厚回报。

在博弈中，这种加码的行为被称为**等价鞅**（编者按：Martingale，也就是输后加倍下注）**策略**。有人不赞同这种做法，因为万一看错，这常造成大灾难。

但如果是好的投资标的，这个策略能随时间流逝而赚更多钱，因为你以更便宜的价格，买进更多股票。

我要强调，猎人一开始就是成功执行“定期定额法”的投资人，会制定策略，只要股价下跌，将买进更多股票，因此他们不会第一天就盲目地把钱全部投入，而是先做小投资，保留一点现金，然后等待未来以更好的价格买进更多。

猎人采取这种做法的理由，在于他们的反向投资风格。他们是价值投资人，通常会在大家都卖出时买进，而这正是价值投资哲学的延伸，即在“市场先生”不理性时，采取行动。

猎人采用的途径，和我们多数人在一月折扣季时捡便宜（编者按：January sales，英国多数商家常在一月大降价，促销冬季商品）的做法有点像——因为相信要买的东西会以大幅折扣出售，猎人不必一开始排队好几个小时，也不用和其他也想捡便宜的人争抢，他们就是在价格下跌时，慢慢地买进更多。

一、高估了标的，却能从赔变成赚

——从失败中学会各种评估市场的方式，就很有机会成为猎人

在猎人们的早期投资经验里，有个令人意外的共同点：他们的职业生涯都“很幸运地”经历过很糟的一年。

在这一年中，他们不仅赔掉客户的资金，而且失去很多客户。一位与我共事的猎人曾说，在这一年的最后，他只剩一个客户。

这些经验之所以变成一种好运，是因为猎人学到了珍贵教训。这些教训正是促使他们最终赚进丰厚报酬、让自己与客户非常富裕的主因。

猎人了解到，当一个反市场而行的投资人很危险，因为你总是在与群众起冲突。因此，他们必须利用图表和各种方式，评估市场的趋势。毕竟，在市场没有改变时买进，毫无用处。

他们的脑海中也谨记一个重要的道理，就是

即使有只股票很便宜，也不代表就该买进。

而要是后来的发展显示自己犯了错，他们也不怕卖出。但我也遇到过**差劲的价值投资人，拒绝在亏损时进行调整**，而且喜欢用这种说法支持自己的作为："我错了，但股价已经低到卖不出去。"差劲的反向投资人也能变成非常坚定的兔子。

但若一只股票通过了"就我现在所拥有的资讯，我会买吗?"这个问题，猎人就会遵循自己的计划，开始备妥资金，并在股价跌时投资。

夺得胜利

如果一只股票的股价跌到特定价格内，例如跌 20%，我旗下的一些猎人，可不只是加码买进，他们还会享受试图挑战底部、以尽可能最低价买入，这是非常难办到的事情。

我曾见过一些猎人，因为猜中太多次谷底的价格，已经不觉得他们是在玩火。但话说回来，我们最好还是坚持这个原则，只在股价跌 20%～33% 时，买进更多股票就好（我们已在上一章说明过，这个区间正是资料显示调整部位的合理范围）。

但是也有例外，如果已经有充分的理由说明股票下跌的原因，在这种情况下，我们应该做跟猎人相同的事情——就是卖出。

我不止一次见过猎人有好几次在股价处于谷底时，提高一倍或两倍的持股，等着在股价回涨时享受回报。猎人显然是在享受肾上腺素激增的快感，因为没什么感觉能比得上反败为胜来得有快感。

但是，请勿抱有任何幻想：当个猎人必须要有耐心和纪律，能承受股价下跌趋势，且不感到恐慌。如果你自己的个性是要获得立即的喜悦，那么这种做法不适合你。

接着来看看猎人实际运作的一些案例。

投资小语

我习惯在一只股票的股价停止波动时，才花时间在这只股票上。因此，我赚到的多数资金，是在持有的第三或第四年后才进账的。

——彼得·林奇

个案研究：阿克公司（Aker Solutions）

阿克公司是一家总部在奥斯陆的挪威石油服务公司，提供兴建、维修及经营石油与天然气田有关的产品与服务。

我旗下一位经理人，一开始在 2008 年 4 月 14 日以每股 15. 84 欧元买进这家公司的股票，一年半后，阿克公司的股价暴跌。2009 年 9 月 28 日，这位投资人把握住“市场先生”不理性的机会，大幅买进更多股票，把平均持股成本价格降至仅 7. 61 欧元。

2010 年 1 月 28 日，他在认清自己原本的论点不再可行后，以每股 9. 58 欧元出清阿克公司的所有持股。如果他当初没有在低价时加码买进，可能得承受 40% 的亏损。

然而，他借由股价受抑制而大幅买进，出清仓位后还获利 24%，这位猎人看错标的却成功扭转颓势，从输家变成赢家。

个案研究：益百利（Experian）

益百利（Experian）是一家营运遍布全球的爱尔兰企业，该公司收集个人信用资讯并给予评分，让银行决定是否要扩大信用额度给申请者或是否通过房贷等贷款。如果你曾经在信用检查后，贷款遭拒，很有可能就是益百利提供的报告，促使银行做出此决定。

这呈现出，益百利不太容易受到大环境的影响，因为有这么多企业都仰赖益百利的报告进行日常营运，因此投资益百利怎么可能出错？

一位猎人在 2006 年 6 月 13 日，以每股 9.02 英镑的价格买进这只股票，尽管他在整个信用危机期间都持有益百利股票，但他在 2011 年 9 月 1 日益百利股价跌到 7.06 英镑时出清持股。如果他什么都没做，可能实现 22% 的亏损，俗话说得好："赔钱时，时间就是你的朋友。"

幸运的是，这位猎人在益百利股价下跌时继续买进，将他的平均持股成本降到每股 5.66 英镑，代表他出清持股时实现了 19% 的盈利，而非

22% 的亏损。

虽然 19% 的盈利不算惊天动地的投资，你也能说，他早就该出清持股、把资金部署到其他地方，但显然这位投资人透过行动为自己的投资增添大量价值，从亏损者变成获利者，这种投资人就是我想要纳入团队的类型。

个案研究：Technip

Technip 是一家为石油与天然气产业进行专案管理、工程及营建的法国公司，其业务被视为全球佼佼者，不管是海底钻探、铺设特制管线、生产离岸浮动平台，还是帮助规划石油或天然气的开发。

一位猎人在 2008 年 4 月 11 日，以每股 55.42 欧元买进这只股票，并在两年后的 2010 年 5 月 21 日，以每股 52.13 欧元的价格卖出持股。

表现上来看，这是一笔亏损 6% 的投资，还绑住了本来可部署到其他地方的资本。然而，这位猎人在股价下跌时，持续大量买进更多股票，也就是说两年内他在 Technip 遭抛售时大量买进。

他借此将自己的平均持有成本降至每股42.24欧元，这代表相较于付出小额亏损，他其实还实现了22%的盈利。

个案研究：汤森路透（Thomson Reuters）

汤森路透（Thomson Reuters）是一家总部在纽约的跨国媒体公司，供应最新内容与数据给金融业的业界领袖。该公司生产的素材符合律师与会计师的专业要求；他们也为制药业发布研究。从上述内容看，这是个具备诱人终端客户的稳健事业，但你确定不可能会出错吗？

一位猎人在2006年6月13日以每股22.25英镑买进，三年后，他决定出清所有持股，在2009年9月10日以每股18.92英镑卖出。

所幸，他已在股价下跌时，大量加码买进，因而能够降低平均持有成本到每股15.82英镑，这代表相较于实现15%的亏损，他其实赚了17%。

二、宇宙最强大的力量：复利效应

——下跌加码，就是创造复利，以时间换取最大获利

除了发现相对论（$E=MC^2$）公式外，爱因斯坦也以这句名言为人所知：

“复利是宇宙中最强大的力量。”

美国知名数学家约翰·拉里·凯利（John Larry Kelly Jr.）曾表示，创造财富之道，就是以最大化几何数的方式投资。借由此举，你将运用复利的力量获利，还可能在最短的时间里致富。

我无意说明“凯利公式①”（Kelly Criterion）的细节，但我只要说，这个方程式显示，当获利概率很高、你又有优势时，就应大笔投资，这样就够了。

① 以概率方式，算出最合理的投资金额，来让自己可以在长远的投资下是个赢家。

股神巴菲特是这种做法的最知名阐释者。他在 1974 年将伯克希尔・哈撒韦公司（Berkshire Hathaway Coopenation）42% 的资产，投资于美国运通（American Express），因为他认为获利概率很高，他又拥有能评估企业未来十年表现的优势。

一个猎人的表现如此杰出的原因，就是他能占得先机。

如果你投资的一只股票价格已暴跌，但其他条件却都未改变，代表你的投资论点依然有效——股票上涨的概率将大幅提高，因此应大幅加码持股。

在金融海啸重创巴克莱银行（Barclays）的股价后，一位猎人在 2009 年巴克莱银行股价跌至 55 便士时，把资产的 20% 用于投资巴克莱银行，该银行股价后来涨回，他也赚进大笔利润。

这里的关键点在于，虽然这位猎人一开始已经往巴克莱银行投资大笔资金，但他在股价继续下跌时，注入更多资金，因为他相信这个机会将从很棒转变为超凡。

如果你相信风险控制，就是要分散投资组合，那么显然你只能在每一家公司投资小额股权。

但是，如果是个猎人，不会用分散投资来控制风险，而是投资一只特定股票。所以，目标是找到具备令人难以置信的吸引力、收益又远高于损失的企业。

当你只投资少数企业，意味着你有可能在第一天就投入大笔资金，接着在股价下跌时加仓。一如1993年巴菲特在一年一度的致伯克希尔·哈撒韦（Berkshire Hathaway Coopenation）股东信函中所说：

“如果你是个肚子里有点墨水的投资人，能够了解企业经济，也能找到5～10家价格合理、又具备重要长期竞争优势的企业，传统的分散投资对你而言并不合理。这很容易伤害你的投资结果，并提高风险。

我不能理解，为什么投资人会选择把资金投入一家他没那么喜欢的企业，而非单纯加码投资心中的首选——也就是他最了解、风险最低而且获利潜力最高的企业。以女星梅·韦斯特（MaeWest）的话来说，就是‘美好的东西永远不嫌多’。”

猎人常把20%的资产投入单一股票，接着在其股价下跌时，再投入20%。

我们多数人都会对于把40%资金投入单一股票感到忐忑不安。有个缓解这种状况的简单方式，就是只要每5年评估投资仓位就好，或在自己的交易账户设立警示，在股票跌幅达到特定门槛时，通知你一声。猎人这种无视股价波动的做法，对于维持单一大部位投资的帮助，总能让我感到惊讶。

我也建议，在你买进一家公司的首批股票时，先设立市场操作的标准程序，因为在股价下跌时，很容易因为恐惧而动弹不得，就算股价已跌到让人很乐意加码买进的价位。

帕布洛伊曾说，**在还没想到要买股票时，就要拟定明确的退场计划**。我同意，但我也提议设**立一个加码买进一只下跌中股票的计划**。

猎人的优势

我在以下的表格里，列出兔子、刺客及猎人的假设性投资活动，让你能理解猎人做法的威力。所有人都是以 900 美元开始投资。

猎人采用分三次买进的投资做法，也就是他一开始先投资三分之一的资本，若股价跌幅超过特定门槛，他再投资三分之一，若股价进一步下跌，他再投资剩下的三分之一资金。

兔子则是一次完全投资 900 美元，然后采用买进并持有的做法。刺客也一次投资 900 美元，但在股价还没跌到比他买进价格低 25% 的停损点时，继续持有。

以下是未来四年每种策略的概况。

表 2　兔子的损益表

年份	股价	买进股数	卖出股数	总持有成本	平均支付价格	盈利或亏损
2011	$ 100	9	0	$ 900	$ 100	$ 0
2012	$ 75	0	0	$ 900	$ 100	- $ 225
2013	$ 50	0	0	$ 900	$ 100	- $ 450
2014	$ 90	0	0	$ 900	$ 100	- $ 90
整体盈利或亏损						- $ 90

表 3　刺客的损益表

年份	股价	买进股数	卖出股数	总持有成本	平均支付价格	盈利或亏损
2011	$ 100	9	0	$ 900	$ 100	$ 0
2012	$ 75	0	9	$ 900	$ 100	- $ 225
2013	$ 50	0	0	$ 900	$ 100	- $ 225?
2014	$ 90	0	0	$ 900	$ 100	- $ 225?
整体盈利或亏损						- $ 225?

表 4　猎人的损益表

年份	股价	买进股数	卖出股数	总持有成本	平均支付价格	盈利或亏损
2011	$100	3	0	$300	$100	$0
2012	$75	4	0	$600	$86	−$75
2013	$50	6	0	$900	$69	−$250
2014	$90	0	0	$900	$69	+$270
整体盈利或亏损						+$270

一如上表所示，用有纪律的定期定额法投资 4 年后，猎人赚进 270 美元的利润，猎人紧抱一只亏钱的股票，并加仓的做法，有了回报。

另一方面，和猎人一样从头到尾紧抱的兔子，则赔了 90 美元。兔子第一天就投入所有资金，之后就没有任何动作了。因为一次就投入所有资金，兔子失去了在股价下跌时加码买进的机会，他的命运就跟某个时间点的某个价位紧绑在一起。

表面上看来，刺客的表现最糟，在损失 225 美元后出清持股，然而，他是否是最糟的投资人，取决于他之后两年，如何部署剩下的 675 美元资金。

如你所见，如果发现自己投资了一只正在下跌的股票，你必须决定要当刺客（减码并把资金投资到其他地方），还是要当猎人（加码投资该股）。我无意建议你该采取哪种做法，因为只有你最清楚自己适合哪种做法。

三、为什么多数人无法成为猎人

——猎人必须灵巧地运用资金，并懂得不跟随市场

就我管理一群专业投资人的经验显示，如果有一家让人有高度信心的企业股价下跌了，多数人会一致保持乐观（先不管是对的还是错的）。他们还会引经据典，说明为何这家公司的基本面未出现改变，以及为何这仍是一个很棒的投资想法。可是，却没有任何一个人愿意大幅加码买进。

这很疯狂，明明他们说这仍是一家很棒的公司，赔掉的数百万英镑会赚回来，为什么他们在股价远低于一开始买进的价格时，不大幅加码呢？

但我发现有个有用的方法，能说服他们加码亏损的股票，就是着眼于更广泛的投资组合，而非只盯着当前的股票。如果整体的投资组合仍是在获利的，我会这么说："我跟你说，你现在还

在赚钱，也能承担加码亏损股票的成本，何不投入一些盈利以赚进更多?”或者，如果他们坐拥现金，我会点出这些股价下跌的股票的预期报酬，会比他们持有现金的报酬率还高，特别是在这个零利率的环境中。

我旗下的经理人不愿意采取猎人做法的情况是很常见的。理由有下列几种。

1. 怕资金外流

多数基金为每天定价，客户每天都能决定是否要投资这只基金，如果你正在管理一只遭赎回的基金，你不但无法买进股价已重挫的股票，你可能还必须卖股，以支应遭赎回的基金，这会进一步加重问题。

2. 现金不够或没有资金流入

我旗下的一名经理人就让我经历了这种情况。还好他够幸运，当时刚好有现金流入，否则他在股价下跌时，什么都不会做。他既不会在手上留现金，因而没有加码买进的选项，也不会先从其他股票了结盈利，趁此买进下跌的股票。我遇过的多数基金经理人，似乎都有避免减码或出清其他股票以投资更多钱到亏损股票的倾向。深究原因，他们可能担心会加重自己一开始的错误。

3. 绩效压力

在事情不顺利时，专业经理人会感受到很大的同侪压力，而这种压力常导致他们做出错误的决定，就是什么都不做，辩解的理由是不管自己是否采取行动，都会被谴责。

基金经理人埃费希德（Patrick Evershed）在控告前东家新星（New Star）公司时，有一篇报道就以此说明投资产业同侪压力的影响：

“埃费希德对在新星工作的描述，揭露出恐惧文化，指控霸凌与羞辱员工是常态，包括新星创办人达菲尔德（John Duffield）对绩效表现差的经理人收回奖金，以及达菲尔德在办公室边踱步时边叫经理人名字。埃费希德说，他相信广为人知的新星倒闭，是达菲尔德霸凌、干预旗下经理人管理基金的方式，以及拒绝考虑所有人建议的结果。艾佛雪德宣称，他（达菲尔德）会定期在办公室徘徊、伸出下巴，发出咆哮的声响，叫员工‘脑残’（moron）和‘罪犯’。埃费希德还说，他会查看每只基金每小时的表现，并比较员工彼此的表现，比较的方式会让人感受到压力。新星在2009年透过信函正式回应埃费希德的不满，内容指出，达菲尔德坦承会给经理人甜头，但否认会收回奖金。埃费希德形容工作氛围非常可怕且极度令人不悦，他形容的是‘如此吓人、如此羞辱人、如此充满压力’。”

一如迈克尔·路易斯（Michael Lewis）在《魔球》（*Money Ball*）一书中所言，多数失败的策略之所以会失败，是因为都有一个共通点，即人们在计划时都有怕被公众羞辱的恐惧。

“他所做的每个改变，目标都在避免陷入难堪，而非达到成功。为了减少被三振的次数，他缩短挥棒路径，牺牲了挥出全垒打的可能性，换取提高只击出安打的概率。

经理倾向挑选最不可能失败的策略，虽然看

起来很糟但是比做出最好调度还要难受。”

所有人都会受这个影响。美国心理学家所罗门·艾许（Solomon Asch）在20世纪50年代的研究显示出人类有多么容易受影响。如果身边有好几个人看到的都是红色，但他们在被问到看到哪种颜色时，却回答“绿色”，那么你也非常可能将回答“绿色”。

没有人能独立进行交易。我们都是社群的一分子，倾向跟着群体行动。同侪压力能迫使我们做出是要买进更多股票还是出清的决定。

4. 被先前的价格走势影响

在你买一只股票之前，该股的股价走势很重要，原因就在于**代表偏误**（representative bias）。

很简单，一只股价已在上涨的股票会被认为是“好的”，并吸引买主；而一只已在下跌的股票被认为是“落水狗”，只有最勇敢的投资人才会买进。

多数人会选择观望，等着亏损的股票回涨，

而非在股价下跌时加码买进［这被称为**旁观者效应**[①]（bystander effect）］。加码买进下跌的股票，会被认为是个“坏”主意，但反过来说，卖出下跌的股票也是。别忘了，输家跟输家闲混，是不会做出任何能让自己摆脱赔钱处境的事。

---

① 指的是个人因为知觉了团体的存在，就把个人本来要参与某件事的行动力减弱了。

结论
账面亏损时，“再看看”导致亏损成真

在本书的上半部中，我希望能告诉大家，成功常源自于你在亏损时做对了什么事。我的研究发现，只要你愿意大幅调整，就算做出重大的错误决定，依然能赚进利润。

我在表5中给出一个决策矩阵，显示兔子、刺客及猎人决定的后果，这个矩阵清楚地显示，什么都不做永远不能是你的选项。

表5　决策矩阵

族群/采取的行动	股价上涨	股价下跌	股价持平
兔子什么都不做	错误	错误	错误
刺客卖出	可能错误	正确	正确
猎人买进	正确	可能错误	可能错误

我在管理投资人时，会持续关注他们在陷入亏损时采取的行动。你无法改变过去，但可以改变未来。

专业投资人士常常忽略了要将想法付诸实践这一点，我们可以在传统基金公司中找到证据。

他们常拥有数百位教育程度很高的分析师，这些分析师的工作，是从基金经理人投资组合精选的股票中，发现股市点子。

此外，这些基金经理人在组成股票的投资组合时，只会关注这些股票彼此的关联度以管理风险，而非如何落实每个点子。

一个更具有前瞻性的思考，是把焦点放在帮助基金经理人落实投资上。而且，我发现一个特别的现象：就是顶尖运动选手和运动员都有教练，但为何多数投资专业人士都没有？

如果他们没获得有建设性的回馈，要怎么提高自己的胜算？

第二部分

赚钱时，更不能大意

我在上半部分介绍了三种不同的投资族群：兔子、刺客及猎人，也说明了采取正确的对策，不止能挽救一只亏损的股票，还能转亏为盈。

在下半部分里，我们将遇到两种族群，他们各自代表不同的投资行为，也就是奇袭者跟行家。我将通过分析他们的行为与实例，说明当幸运持有一只正在上涨的股票时，要做什么事情，而什么事情要避免。

你可能会认为，当投资赚钱时，做任何事情都会容易许多，但若要提起我曾见过有多少专业投资人在赚钱时做错了决定进而失去财富，总会让我痛苦不堪。很多人都只是点金成石的“江湖郎中”，更糟的是，他们还因此赚得不少薪水。

第四章

奇袭者一获利就了结，永远赚不了钱

奇袭者就是股市的淘金客，他们的投资风格是倾向尽快获利，但他们的决定常在成功与灾难之间：深入茂密的丛林，找到失落的寺庙或被埋藏的宝藏后，竭尽所能把所有古币与珠宝装满口袋，然后转身就跑。

他们的想象力总是追逐在他们的行动之后，因为害怕被抓住或失去一切，他们会确保自己离开时，有数不尽的资金，身上背着大量宝藏。

但也会出现贸然撤退的情况。

我很幸运旗下能有一些成功的奇袭者，他们在做的不只是寻宝，所以能让最后的获利增加（但没有我期望的那么多）。

不是所有的奇袭者都这么幸运，就算是拥有良好投资纪录的奇袭者，最后也会重摔一跤。

我是在留意到我旗下一位经理人拥有不可思议的成功率（**他将近70%的想法都是正确的，这很杰出**），**但却没帮我赚到任何钱时**，发现“奇袭者”这个族群的。

因此本章的警示意味浓厚。当你在赚钱时，不要重蹈奇袭者的覆辙。

一、小幅获利其实是赔钱边缘的投资

——在投资里，花大钱赚小钱，一样是赔

我细究某位经理人的数据后，发现不管何时，只要小幅获利，例如10%后，他就立刻卖出股票获利了结。

有趣的是，他是一位避险基金经理人，也是一位放空股票且持续放空交易领域的专家，但在纯做多的投资中，他和其他奇袭者都缺乏一个成功投资人应该要有的关键习惯，就是没有把握住分布曲线的尾端，所以在正常情况下，奇袭者不懂得紧抱上涨的股票。

接着来看看一些这种行为的范例。

个案研究：芝加哥桥梁钢铁公司（Chicago Bridge & Iron）

芝加哥桥梁钢铁公司是一家大型跨国企业，

号称是可一次满足能源业基础建设计划所需产品的销售企业。

一位奇袭者在2009年9月3日，以相当于每股10.66英镑的价格买进该股，一个月后，他再以每股12.29英镑卖出。

我在和这位经理人讨论这笔投资时，他对自己在短短一个月内赚进15%的报酬感到非常高兴，但在我撰写本书之际，这只股票的股价已涨至每股30.38英镑，换句话说，该股在他卖出后又涨了147%。

不仅如此，他把卖出股票后获得的资金，投入另一个投资想法，但却没有得到同样水平的报酬。

假设股市每年的年均报酬率是8%，这位奇袭者因为太早获利了结，自动放弃了价值12年的报酬率。

个案研究：英美烟草公司（British American Tobacco）

一如其名，英美烟草公司制造并销售烟草产

品。你或许没听过这家公司的名字，但应该听过该公司的知名香烟品牌，包括在美国特别受欢迎的 Lucky Strike 和全球第三大香烟品牌宝马（PallMall），其他品牌包括 Vogue、John Player、Benson& Hedges 及 Kent。

我旗下一位奇袭者认为，这家香烟巨擘的股价已在 2009 年 7 月 3 日触底，因此他以每股 19.96 英镑的价格买进，两个半月后，他以每股 21.75 英镑卖出，获利 9%。

我遇到这位经理人时，他非常得意，我也跟他一样开心，认为自己聘请了一位专业投资人，而非交易员。

不过，在他卖掉后，这只股票继续上涨。在撰写本书之际，该股的股价为 37.93 英镑，进一步涨了 74%。假设股市每年的年均报酬率为 8%，这位奇袭者等于放弃了价值 7 年的报酬。

个案研究：瑞典火柴（Swedish Match）

继续留在香烟主题。我旗下另一位经理人则投资瑞典火柴，该公司是生产咀嚼式烟品（而非火柴）的全球佼佼者。所以在2008年10月10日，他以每股10.56欧元的价格买进该股。

这位经理人紧抱了两个月，在2008年12月16日全球金融海啸高点时，以每股10.18欧元的价格卖出，小幅亏损4%。他接着决定在2009年6月24日，以每股11.23欧元的价格再次买进，后来又在2010年4月22日以每股17.54欧元的价格卖出。他在这两笔交易中共获利56%。

我可以想得到，你们许多人会问："这有什么问题吗？"

嗯，如果他持续紧抱该股，而非先卖再买，他早已获利145%。而在我撰写本书时，瑞典火柴的股价为每股25.88欧元，等于在他第二次卖掉后，又继续涨了49%。

个案研究：诺和诺德（Novo Nordisk）

诺和诺德是一家丹麦制药公司，在糖尿病药物（胰岛素）与医疗照护设备（注射装置与针头）领域称霸全球，并在血友病与荷尔蒙补充疗法领域具有领先地位。

在诺和诺德股价保持稳定一段时间后，我旗下一位投资人选择进场投资，他在 2009 年 4 月 22 日，以每股 35.71 欧元的价格建立仓位，之后在 2009 年 12 月 4 日以每股 45.32 欧元卖出，报酬率达到丰厚的 27%。我能想象他兴奋地在办公室奔跑，与同事击掌庆贺。

遗憾的是，在他卖出后，诺和诺德股价继续上涨，在我撰写本书时，其股价已进一步上涨 175% 到每股 124.92 欧元。假设股市每年的年均报酬率是 8%，这位投资人放弃了价值 13 年的报酬。

我的研究一再显示，如果奇袭者继续持有这些投资，他们早已赚到更多钱。此外，因为他们未能紧抱上涨的股票，最后一些高额亏损就会抹除了小额获利。

奇袭者正是多数时刻正确却仍以赔钱收场的好范例。他们的成功率高，但最后的回报情况却很差。

我们都有类似奇袭者的欲望，就是想对赚钱的投资获利了结。问题在于，赚取小额获利，就像抢着在一列快进站的火车前面捡地上的几毛钱硬币，但只有火车出现时我们能捡到钱同时不被撞到才会觉得赚到了。

赚钱笔记

减码上涨股票的危险

我在检视旗下所有投资人的所有交易时，想了解平均而言当一名经理人在股价上涨至20%时就获利了结，情况会有多糟。

整体来说，共有611只股票（占所有获利投资的66%）获利不到20%便出售了。其中的370只股票持续上涨，若继续紧抱，早已赚到更多钱。

虽然这些获利股票的后续表现优于大盘的幅度不同，但事实上，这370只股票中不乏股价大幅上涨的股票。

此外，我共事过最成功的经理人，也就是赚到最多钱的，都有一个共通点：其投资组合里都能找到几只股价大涨的股票。所以任何没有把握住股价大涨机会的做法，都注定失败。

二、为什么奇袭者无法一直紧抱

——短期的获利、刺激、害怕，都让奇袭者无法成为顶尖投资人

这些经理人之所以变成奇袭者，有几个关键原因。我回顾跟他们相处的时光后，归纳出以下几个他们总是卖太快的原因。

1. 对“押对了”的感觉上瘾了

出售后进账获利的感觉很不错，我们在获胜时，会分泌睾固酮（testosterone）与多巴胺（dopamine），这些激素会让人们觉得很开心，开心到想要再做一次，然后一再重复。

就像所有瘾君子都会说的，要停止做一件会让你快乐的事，非常困难。奇袭者实际上就是对在获利了结时身体分泌的化学物成瘾。

2. “我腻了”

传奇投资人彼得·林奇在反省他出售华纳兄弟的投资时，坦承道：“我腻了。”

对等待感到厌烦，是人类天性的一环。林奇对这个问题做了非常贴切的摘要：“要紧抱一只持续上涨的股票，通常会比在股价下跌后，相信这只股票会上涨这件事更难。”

3. 屈服于眼前的利益

谈到要紧抱一只股价上涨的股票时，有句俗话说得最真切：“所得也会带来苦痛。”

紧抱一只股价上涨的股票，就像是要开车带小孩到动物园玩，车程需要两小时。开到一半时，他们就会开始以最大的音量问“我们快到了吗”，然后开到四分之三的路程时，他们悬空的小脚会开始踢前面的椅子。

抵达动物园并度过快乐一天的唯一之道，就是忍受压力、别屈服。

当我们今天面临一个会带来愉悦的决定，比如可以获利了结时，就会出现屈服的问题，我们会非常难说“不”。

因为不同研究都已显示，比起明天赚两美元，人类更偏好今天赚一美元，这个现象被称为**双曲折现**（hyperbolic discounting）。

而且奇袭者都有不自觉的**即期偏误**（pre-sentbiased）。

“在上午，我们都想着一定要早点睡、继续节食、别喝太多酒，但到夜里我们还是会熬夜到凌晨三点、吃了两份会导致蛀牙的巧克力，还在一家挪威餐厅喝了一堆阿瓜维特酒①（Aquavit）。”

4. 上涨带来的恐惧

施罗莫·贝纳茨（Shlomo Benartzi，行为经济学家）和理查德·塞勒（Richard Thaler，行为金融学最知名的理论家之一）的研究也显示，“短期损失的痛苦，会比长期获得来得好”。他们将这种着重于短期的利益并痛恨损失的现象，称为**短视损失厌恶**（myopic loss aversion）。

① 北欧出产的一种粮食酒，有香菜子味，通常作开胃酒饮用。

当一只股票开始上涨时，这种现象会让人产生一种恐惧感，让许多投资人变成奇袭者。

行为经济学家泰伦斯·奥丁（Terrance Odean）的研究也指出，拜网络所赐，这个问题已更严重。他发现，1991年到1996年透过电话交易的民众，投资表现平均每年优于整体市场2.4%。然而，当他们改用网络交易时，投资表现平均每年反而比整体市场差3.5%。

附带一提，奥丁也发现，卖出上涨股票后的股市投资人，选择的下一只股票的表现常比先前的股票差2.3%。投资人都认为自己摆脱了价格涨势疲弱的股票并以涨势较强的股票取代，事实上，他们常是在反其道而行。

5. 短期近利

许多投资人会变成奇袭者，是因为着重短期的天性，其专有名词为**近期偏误**①（recency bias）。

实际上，我管理的先机欧洲精选股票基金就

① 我们容易依据最近的经验与观察，无限推论未来。

是这种情况的好例子。如果观察我 2009 年至 2011 年这三年的表现，你可能会说我是超级经理人，但如果只看我在 2011 年 8 月或 2011 年全年的表现，你应该就不会这么说。

我的基金资金流动也显示出这种偏误。在我交出 2009 年至 2011 年三年的绩效数字后，我的基金获得逾两亿美元投资，但在 2011 年 8 月期间，客户却收回上千万美元的资金。

所幸，2011 年起基金的绩效一直都很强劲，所以后来我再度吸引资金流入。

在不同区间看一笔投资，会产生截然不同的结果，而奇袭者一律只看短期。这在可以赚钱的交易里会产生致命影响，许多投资人似乎都有买在高点（先前已大涨的股票）并在小涨后卖出的危险习惯，他们喜欢趁热打铁。

6. 没有承受“风险”的能力

特维斯基与卡尼曼在 1979 年出版的另一份突破性研究中，介绍了所谓的**展望理论**（prospect theory）。这份研究解决的是人们在面临不确定性与风险时会怎么做出抉择的问题。

卡尼曼与特维斯基发现，人们是在赚钱还是在赔钱，会影响他们最后的决策。人们在赚钱时会倾向规避风险，因而获利了结，但在赔钱时又追求风险。

人类“提早获利了结”这个习惯的背后驱动力，似乎与结果的“确定性”以及结果是否值得向往有关。

- 赔钱时，风险变得很吸引人，因为任何事情都好过已确认的损失。
- 赚钱时，出售变得很吸引人，因为小幅获利的确定性总比亏损或取得更大胜利的不确定更好。

英国有个电视节目，叫作《一掷千金》（*Deal or No Deal*）。节目的概念很简单，共有26个箱子，每个箱子都藏有金额介于一便士到一百万英镑的现金奖项，随着节目的进行，挑战者会逐一淘汰箱子。

在游戏的不同时间点里，有一位“银行家”会出现并提供奖金选项，要求挑战者放弃箱子。

当剩下箱子里的奖金金额越高，这位“银行家”就会更努力地试图让挑战者接受他提出的金额。

假设，你可能还剩两个箱子，一个里面有一百万英镑，另一个有五万英镑，这位“银行家”可能提供十五万英镑的选项，以换取你放弃。

许多人最后真的选择了十五万英镑，而非冒着“只”带走五万英镑的风险。

在情感上，我们很难会为了更多但不确定的获利而冒失去特定获利的风险，多数人都办不到。行为经济学专家丹·艾瑞利（Dan Ariely）与齐夫·卡蒙（Ziv Carmon）便针对《一掷千金》做了很杰出的研究，所有可能成为奇袭者的投资人，都该去找来读一读。

投资小语

人们都有不理性的倾向，也就是相较于拿亏损当赌注，更不愿意拿获利当赌注，这代表我们在赚得利润时会很快就卖掉，而陷入亏损时又不卖。

——拉斯·特维德

（Lars Tvede，知名基金经理人）

三、为什么你不该太早卖

——奇袭者有找到大涨股票的能力，却没有赚大钱的实力

如果先前的例子，仍不足以说服你奇袭者有多愚蠢，以下五大理由可以证明，奇袭者常做出不合理的决定。

1. 大涨股票不易见，奇袭者会越抱越紧张

会大涨的股票很罕见，而我还没见过成功的投资人，是不想跟大涨的股票闲混的。

我旗下的经理人之所以会赚钱，是因为他们在大赚之外，同时确保自己不会被糟糕的投资重创。在股票涨 20% 与 30% 后就获利了结，其实是不能让自己赚大钱的，因为这意味着你可能放弃中大奖的彩券。

而且，并非所有获利都相等，长期来说，投资股市是赚钱的最佳管道之一，虽然这句话没有错，但还是得视购买的股票种类而定。股市报酬会随时间而出现峰度（kurtosis），也就是肥尾

（fattail）范围比常态分配曲线还要大的情况。这代表少数涨跌幅度很大的个股，扭曲了整体股市报酬——如果没有投资那些大涨的股票，投资报酬率会显著下滑。

有一件事情要注意，就是**奇袭者在亏损时，常会变成兔子**，而两者的结合很致命。

如果你会有卖掉上涨股票的冲动以及卖掉下跌股票的不情愿，结果就是赔掉的钱远多于赚到的，因为你的投资风格实际上就是同时具备巨大的赔钱风险以及不高的赚钱潜力。

一如彼得·林奇所言："有些人自动卖掉上涨股票、紧抱下跌股票这种行为的合理程度，大约就跟把花拔掉、对种子浇水一样。"

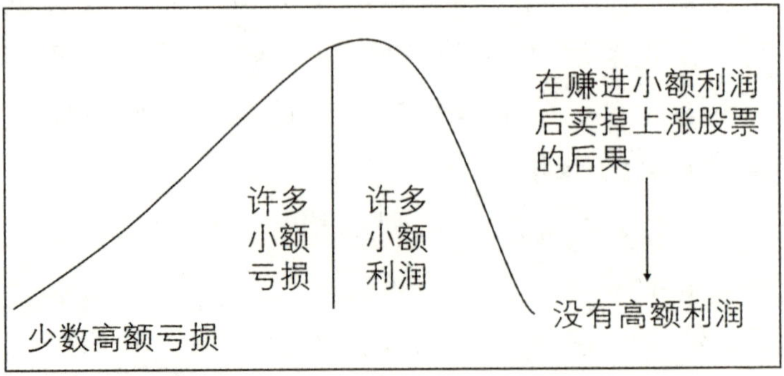

图 3　赚取小额利润，代表你从不会赚进大钱

2. 长抱，你才能打败对手

一如我们之前看到的，对一个奇袭者来说，“早早获利了结”的行为很诱人。

但也是有好消息：这代表只要磨炼紧抱上涨股票的能力，就能获得相较于其他人的显著优势。

赚钱笔记

不成熟的专业人士

在我分析的 1866 笔投资里，报酬率超过 100% 的只有 21 笔（占整体的 1%）。

研究发现，许多厉害的投资人在获利 42% 时了结卖出，且都发生在开始买进后的三个月内。如果把时间范围拉长到半年，报酬率就能提高到惊人的 61%。只有 2% 的投资，是在持有三年以上才实现获利。

这些发现证实了我的观察，就是人们很难紧抱股价正在上涨的股票，但如果你能将投资的时间拉长，就能拥有显著的优势。

3. 获利了结，但下一笔投资真的会大涨吗

我曾在本书的前言中，讲到顶尖投资人也只有49%的点子会赚钱。以这个概率来看，如果你知道这些经理人连续五笔交易都赚钱的概率远低于49%，或许会感到很惊讶。

事实上，这个概率是低于2%。如果你正希望出清投资，只想赚进小额利润，这个消息应该有助于你继续紧抱获利投资。

然而，如果你再利用这次获利做下笔投资，你会容易变得过度自信，特别是你会认为反正这是赚来的，自己不会损失任何东西。

塞勒和强森的研究指出，当一个人卖出一笔赚钱的投资后，他或她的行为就会从规避风险，转变为追求风险，塞勒和强森称此为**私房钱效应**①（house money effect）。投资人会把这些盈利

① 指人们对于面对未来风险的态度，会受到先前获利或损失的影响，特别是在“大赚”或“大赔”，在“连续获利”或“连续损失”后，对于往后相对较小金额的利润或损失，都不会觉得有那么多或那么值钱的感觉，而这种效应会让投资人产生低估往后额外利润或损失的倾向。

视为赢回来的“私房钱”，而非自己一开始的钱。如果赔掉，也不会觉得自己失去任何东西。

投资人必须试着打破上一笔投资成功与失败之间的联结，永远别忘了：

“卖掉上涨的股票，会重创你的财富。”

4. 上涨的股票会继续涨

许多研究都已显示，**动能投资**[①]（momentuminvesting）也可以是个制胜策略，表现领先的股票，是因为领先的时间似乎能长到足以让人获利——就是说总会有个更傻的家伙会以更高的价格买进。

对此，埃默里大学教授杰格迪什（Narasimhan Jegadeesh）与提特曼（Sheridan Titman）在1993年的研究显示，**股市在3～12个月的相对高或低报酬，会在接下来3～12个月维持这个趋势**，换句话说，上涨的股票会继续涨［编者按：股价会自我相关（autocorrelate），意指在连续的

① 是指投资人在投资股票时采取追高杀低法。

时间范围内，表现都类似]。

为什么上涨的股票会继续涨，有很多原因。一些研究员认为，分析师与投资人对一家企业的获利预估，不一定是正确的盈余预估，但修正预测的速度较慢，等到他们最后修正时，这只股票已被重新评价，吸收一批新买家。

另一个可能的解释，就是单纯的**从众效应**（bandwagon effect）。投资人会买进上涨的股票，是因为大家都在买。一只股票的涨势越高，市场就会变得越来越小，因为所有买家都一窝蜂似地投到同一只上涨的股票或同个产业。主要是人们都想买会上涨的股票，而一只价格持续上涨的股票，自然会变成市场宠儿。

学者罗伯特·席勒（Robert Shiller）在1981年进行的研究发现，股价主要是由投机客带动，而非公司基本面。他指出，股市的价格走势已远超越理性投资模型的预测。这道理很简单，相较于整体股利，股市指数的报酬率波动太大。的确，想想2006年12月时，时任美国联准会（Federal Reserve）主席的艾伦·格林斯潘（Alan

Greenspan）便公开宣布，当时市场上涨的原因是“非理性繁荣”（irrational exuberance）。但这番言论并未阻止股市继续攀涨三年，之后泡沫终于破灭。

当然，仍需保持谨慎：股价不会永远上涨。最后，当市场没有愿意出高价购买、推升股价的买家，股价便会出现修正。

5. 大涨股票是可遇不可求的

许多传奇投资人都没预测到自己选到大涨股票，而且对此坦承不讳。有些伟大投资人甚至不知道大涨股票的可能样貌。20 世纪美国首富之一的李佛摩尔（Jesse Livermore）便采用简单的顺势投资（编者按：trend-following，为根据股价的技术分析，而非基本面的交易策略）做法。

他实际买进的股票，都是价格正受到哄抬的股票，然后便搭着股价大涨的顺风车。所以他在建立仓位时，并不知道这只股票最后是否会大涨。

四、卖掉上涨股票的不正常理由

——外界的压力是奇袭者的弱点，以至于错失赚更多的机会

这时候你可能会很好奇，卖出上涨的股票是对的吗？当然是对的。如果你知道自己投资的理由是错误的，那么就没有继续紧抱的理由，这只能说明你先前很幸运地赚了一笔利润，你有把握这波涨势会持续下去？

股价上涨是事实，但并不等于你就是对的，你只是很幸运，所以卖掉吧！

我的研究显示，当个股表现优于整体大盘指数逾 23% 时，68% 的基金经理人会选择获利了结。他们若非有避开大涨股票的天分，就是还有其他原因，以下是几个基金经理人会在上涨时卖出股票独特的理由（但所有人都能从中学到教训）。

1. 达到红利奖金门槛就够了

许多经理人会根据参考指数或同侪表现，比较自己过去一到三年的绩效，来预估应获得的红利奖金。当他们发现自己领先于参考指数或同侪团体的地位时，就会希望实现获利，以便在年底时获得丰厚奖金。

2. 担心股票表现不如预期

当然还有一种状况会提早获利了结，就是因为担心害怕情况会突然转坏。事实上，我旗下的经理人曾说，他们出清一只股票，是因为认为这只股票接下来半年将“陷入沉睡”，因此在这段过渡期里，若把这笔资金部署到能赚到钱的其他地方，是最好的安排（这种对自己拥有足够洞察能力、能判断市场时机的过度自信，也常是他们失败的原因）。

3. 只做短期预测

多数基金经理人在投资时，心里都有个目标价，只做到比初始买进价格高 20%～30%。这么做的原因，是因为他们只预测未来一到两年，也只打算投资这只股票很短一段时间。因此，许多基金经理人的投资过程，并非着眼于紧抓住涨幅大但时间要拉长到多年的股票。

4．绩效评估的压力

最后，许多基金经理人是以“比较”的观点来思考。

一位基金经理人的绩效表现，通常以指数或同侪的表现比较作为评估的方式，并且由老板或客户来做决定。用指数评估基金经理人的表现并不为过，因为投资这只基金的人，支付给这位主动管理型基金经理人的费用高于投资消极管理型基金（指数基金或指数股票型基金）。由于客户会付出额外费用，因而会期望这位基金经理人的表现能大幅超越大盘指数。

拿绩效跟同侪相比也很合理，因为客户既然要付这笔费用给基金经理人，当然想付给可以为他赚最多钱的人。

加上多年来的许多研究已显示，客户心中的

标准是要把投资放在最佳基金才对，这代表表现前25%的基金也是客户评估的标准之一。

因为自己的表现是在比较的基础上被评估，这导致基金经理人常花费大量心思，去看基准指数或同侪的表现。更糟的是，有些人会变成每天都在做这件事，他们甚至几乎每小时确认自己持有资产的相对价值。

这会演变成一种状况，就是导致不必要的提早卖出，另外容易过度高估股市的风险。加上基金经理人每天可能会投资好几次个股，相对就容易留意到股价上下波动剧烈，认为股市相当震荡。

但如果每10年才评估一笔投资，你会认为，这只股票已赚进一大笔钱。此外，因为在过去10年期间没有确认股价，因此你不在意每天的价格涨跌，也就没有股价一天暴跌20%、一年跌50%的苦痛，你完全没注意到股票的波动性，因此还会得出“投资股市一点都没风险”这个结论。

五、奇袭者应改行当避险基金经理人

——用同样的特质换个跑道，你会赚很多很多

行文至此，你可能会很好奇，我在本章一开始提到的那位奇袭者，为什么在当个纯做多的投资人时表现如此差劲，但在避险基金负责放空股票时，又会如此成功？

有趣的是，这两件事居然密切相关。当你在放空一只股票时，你是在进行与投资截然相反的事情，所以这位**奇袭者的破坏性投资风格，反而适合放空**。

若把减码上涨的股票、紧抱下跌的股票这种会带来毁灭的投资方针运用到放空股票，就恰好符合紧抱上涨的股票、减码下跌股票的铁律。

在放空时，他会在一只股票上涨 10% 时卖出仓位，以减少亏损。当股票下跌时，他乘势放空，形同紧抱会获利的投资。在这两种情况下，

他都是在摆脱股价上涨、紧抱股价下跌的股票。

我也认为对他来说，紧抱一只获利的空头仓位会比较容易的原因是，随着这笔投资更加赚钱，他这只股票的仓位会逐渐减少，最后的结果就是，随着放空策略奏效，面临风险的资本越少。

显然，奇袭者受到的最大影响，就是获利与亏损带来的风险。在放空时，获利幅度最多就是100%（一只股票不会跌破零元），亏损幅度可能无限大（一只股票会持续上涨）。但在投资时，亏损幅度最多就是100%，获利幅度可以是无限大。

前者的情境促使他无情地对待亏损仓位，并渴求获利；在后者的情境下，他却容易放着亏损仓位不管，也对获利仓位缺乏耐心。

显然，这些因素会如何影响人及其投资方式，是个值得深思的问题，这也可能是传奇成功案例与失败案例之间的差异。

懂得抗拒侵略心态

在心理学界，有个把一颗棉花糖放在一位孩童面前的知名测验。这位孩童被告知，如果他接下来半小时没吃掉这颗棉花糖，他就可以再获得一颗棉花糖作为奖励。

研究员离开后，房间里就只有这位孩童以及放在他面前盘子上的棉花糖。房间里没有可以让人分心的事物，没有电视，也没有音乐。房间里只有一位孩童坐在一张桌子前面，盯着桌上的棉花糖。

一如你所想的，多数孩童只过了几分钟就坐立难安，在多数时候，孩童会屈服于诱惑，迅速吞下棉花糖。

我们得承认，对那个年纪的小孩而言，待在一个没有玩具的房间里半小时，感觉一定像过了三十年。

这个测验的重点在于，显示出名为**跨期选**

择[1]（intertemporal choice）的现象。如果有东西能带来立刻的愉悦（例如获利了结），我们会很难看见这件事往后带来的更大的愉悦，我们变得更加着重短期（短视），为了短期的小幅获益，牺牲可能会有的长期收益。

奇袭者无法自制地吃下整颗棉花糖，但最后一种、也是最成功的投资人——行家，就有办法解决这个棉花糖难题。

---

① 指人们衡量不同时间点做出决策后的成本和收益。

第五章

行家，
狠赚 30% ～ 300%
过程必须让人想睡

行家是我从旗下的顶尖投资人中，最后才被发现却也是最成功的族群。他们表现称职、名不虚传，甚至还超越预期。他们不会因为损失而动弹不得，也不会因为获利就得意忘形。

行家对待每一笔投资，就像对待一瓶上等葡萄酒一样：如果打开了，就会立刻喝掉。但他们也了解好酒越陈越香这个道理。偶尔啜饮老酒片刻，但其他时间会静静等待。

要在股价上涨时按兵不动，需要很大的勇气，因为所有迹象都显示，当人们赚进一大笔利润时，就会倾向出清投资。

我们的客户也一样。他们在把努力赚得的钱托付给我们后，会对继续紧抱一只已经可以赚进丰厚利润的股票感到非常恼怒，尤其如果获利在某个时间点缩减，情况会更棘手。

行家在面临上一章提到的棉花糖测验时，会用一个简单的方式绕过去。这些投资人知道自己无法抗拒棉花糖的诱惑，因此，他们的策略就是先咬一小口，把剩下的留到之后再吃，尽可能地延长并扩大成功的喜悦。

像行家一样先让少数获利落袋为安，既能让我们立刻获得满足感，又不会毁掉我们赚取长期财富的目的。这个小把戏，让我旗下最厉害的投资人，持续成为毋庸置疑的杰出赢家。

一、如何成为一位行家

——当行家的条件并不需要太多，但每一个都很重要

与我共事过的许多行家，都刚好相当聪明，如果你遇到其中一些人，可能会以为他们因高智商、异于常人的想法致富。

不要被骗了，如果以棒球的打击率来讲，他们整体的纪录，可能比我旗下所有投资人的平均值还差，因为这些**行家的投资想法中，有 60% 会赔钱。然而，他们获利的原因在于，要赚钱，就要大赚一笔**，因为他们看中上涨股票所攀升的高度，远高于多数人的舒适区。

以下是如何像个行家一样投资的方法，之后会有他们操作的现实范例。

1．只把资金放在安全、上涨的股票上

行家的想法，就是股票要能持有十年以上，他们以此为目标找出可投资的企业。

他们会买进“出现意外利空①可能性很小”的企业。换句话说，我们要想象在**未来的几年当中，会有什么因素导致这些公司难以获利**。

即便这些企业可能会遇到糟糕的管理阶层，但也要到非常糟糕，才足以摧毁企业的获利能力。所以，这些企业实际上是印钞机。

这些企业盈余的成长常被认为是高度可预测的，也因为行家相信盈余成长会推升股价，所以，股价理应要随时间攀涨。

买进这些股票的主要风险，就是它们一开始的价位很高（例如本益比②偏高），但如果盈余没有成长，股价就会下滑。一只持续上涨中且当前本益比为 25 倍的股票，其预估本益比可能只有 15 倍，而投资人仍持续买进。每只股票的价值因人而异，而市场在不同时间点会高估或低估

① 利空是指能够促使股价下跌的信息，如股票上市公司经营业绩恶化、银行紧缩、银行利率调高、经济衰退、通货膨胀、天灾人祸等，以及其他政治、经济、军事、外交等方面的促使股价下跌的消息。

② 股价除以每股盈余（EPS）隐含每年报酬率。

一家公司的价值。

2. 上涨潜力至少要超过 30%

由于投资一个想法的平均成功率是 49%（这还是世界上部分最棒投资人的平均值），如果想要大赚一笔，获利规模的大小就变得相当重要。

因此，投资想法都应该要具备巨大的上涨潜力。许多投资人常犯一个错，就是把太多资金投入在上涨潜力有限（例如 10% ～ 30%）的股票上。

这有时候是因为投资人把上涨目标设定得太低，一如奇袭者。**行家的秘密是**，他们不只远离这种毫无企图心的限制（**从未采用目标价**），同时闪避仅微幅上涨的投资。行家就是对小规模的获利不感兴趣。

3. 大笔投资，并保持专一

当行家对一个投资想法很有信心时，会建立庞大的仓位，会将 50% 的总资产仅投资于两只股票，但也是这两只股票造就了他们的成功。

对少数股票有莫大信念，意味着即便一只股票已经涨了 200% 以上，他们仍会继续透过庞大仓位乘胜追击。他们的成功，也证明了朱肯米勒的说法：“仓位规模会比买进价格更重要。”

这也是为什么我会提议旗下每位投资人把高达 25% 的资金投资于单一想法的原因之一。

把小笔金额投资于一笔会大涨的投资，是没用的。你必须拥有庞大的仓位规模，才能赚进庞大报酬。

一位真正的行家，会用行动证明他的想法是正确的，不会轻易屈服于内心的恐惧。

投资小语

当你非常相信一笔交易时，就必须要有大赚一笔的想法。

当一只（被屠宰的）猪需要勇气，在投入大量筹码时乘胜追击，也需要勇气。

对索罗斯来说，当你对一件事的立场正确时，不能嫌现有的已足够。

——《新金融怪杰》（*New Market Wizards*）

4. 先尝点甜头，再继续投资

搭着一只大涨股票的关键，是要避免被涨势吓到而退出。一般人会被吓到出清仓位或被其他不错的投资吸引走，但行家就是在**股价持续上涨时，先实现少数获利**，而非在赚进 20% 或 50% 的利润后就出清整个仓位。

换句话说，为避免自己窖藏的所有美酒都被软木塞堵住而无缘品尝，他们会在特殊节庆日拿着一至两瓶到楼上享受。

5. 确保这只股票无趣到让人想睡觉

一直持有一只大涨股票的关键，就是要拥有（或培养）很高的无趣门槛。和我旗下的一些行家开会，可能会非常、非常无聊，因为他们会一直谈论过去五年或更久以前的同一只股票。因此每到要跟行家开会的那些日子，我都会非常想赖床。

事实上，多数人会认为行家很难模仿，因为我们觉得每天进办公室（或在家交易）时，都得做点事情。我们会看股价走势图，会边听“彭博财经频道”播放的最新市场消息，然后告诉自己，应该到处加码投资一些小笔交易。要每年什么都不做只专注于同样一群公司，还要研究新的投资想法，这非常困难。

许多人在投资的其中一只股票已赚进40%利润后，就会开始积极寻找要投资的下一家公司，而非继续紧抱这只股票。这正是许多投资人无法取得巨额财富的原因。现在我们来看看一些行家的实际投资，以了解如何落实这些原则。

个案研究：Shoprite 控股公司

Shoprite 控股公司是非洲最大的食品零售商。不管到非洲哪个国家，都很有可能会遇到 Shoprite 的超市，该公司甚至在马达加斯加与毛里求斯等岛国都有超市。

如果你是个很有钱的非洲人，那么你非常有可能会在 Shoprite 旗下的高级超市 Checkers 购物。如果你是收入较低的人，那么你或许是 ShopriteUsave 的客户。

在南非每三个消费者中，就会有两人到 Shoprite 旗下的超市购物，你能感受到 Shoprite 在非洲市场的地位吧。此外，这家控股公司也拥有并经营OK家具卖场、Hungry Lion速食店以及Medrite药局。

Shoprite就像非洲的沃尔玛（Walmart，是全世界最大的零售商），旗下商店遍布各处。

有一位行家决定在2009年5月20日，以每股3.96英镑的价格投资Shoprite控股公司。他在3年后的2012年8月8日，以每股13.10英镑的价格出清仓位。

从买进并持有、然后放着不动的策略来看，这代表他在短短3年获得了231%的报酬。我们知道，多数人都倾向在赚进约20%或30%利润后就出清仓位，因此多数人可能会因为太早卖出，而放弃了超过200%的报酬。

我旗下这位经理人的秘密，就是一路小笔卖出，同时仍持续投资这只股票，他把这个过程形容为减码获利仓位。就像去剪头发一样，概念就是先剪掉一点，而非全部剪掉。这个过程虽然代表他无法完全赚得231%的报酬率，但仍可以维持投资。

最后，他平均卖出的价格为每股 9.31 英镑，代表赚得 104% 的利润。根据我的研究，这个报酬率仍是其他投资该股票的投资人的五倍。

个案研究：Spirax-Sarco 工程公司

Spirax-Sarco 是一家英国企业，协助兴建并维修蒸汽与工业液体工厂。虽然我们多数人都没听过这家公司，因为它并非消费者品牌。但 Spirax-Sarco 却是锅炉、管线控制阀及用于蒸汽加热的蒸汽馏水器（steam traps）领域的全球顶尖制造商，以高标准闻名。

啤酒品牌 Guinness 就选用 Spirax-Sarco 的清洁蒸汽产生器，以确保能达到生产啤酒时的严格标准与口味准则（清洁蒸汽产生器基本上用于为十加仑以下的小酒桶消毒）。

你也可能会在医院看到 Spirax-Sarco 的设备，其清洁系统一直被用于能源效率装置。例如，英国 Stafford 社区医院近来就安装了 Spirax-Sarco 的 EasiHeat 系统，因为这个系统为水加热的效率比老式的水加热器更高，每年能为该医院省下 3000

英镑的电费。

随着世界持续往环保与节能的趋势迈进，Spirax-Sarco 将大幅受惠。

在食品业中，即食产品（ready-to-eat）类的企业迅速崛起。这类企业越来越广泛使用 Spirax-Sarco 的蒸汽控制装置。举例来说，Moy Park（欧洲禽肉生产商）最近安装了一个生产即食烤鸡的锅炉，Spirax-Sarco 便在里面装设一个蒸汽控制装置，用蒸汽为锅炉内的鸡肉加湿。

如你所见，到处都能看到 Spirax-Sarco 的产品。一位行家已知晓 Spirax-Sarco 将近 20 年，他决定在 2007 年 11 月 30 日以每股 9.63 英镑的价格，建立这只股票的投资仓位，并在 5 年后的 2012 年 10 月 22 日，以每股 19.70 英镑出清仓位。以买进并持有、然后放着不动的基准来看，这代表报酬率高达 105%。

这位行家虽然维持投资 Spirax-Sarco，但期间逐步减码仓位先实现小额获利，最后取得 70% 的丰厚报酬率。借由逐步减码仓位，他的每股平均出售价格为 16.40 英镑，相较于多数人会在股价涨到约 11.50 英镑（获利 20%）时立刻出清，这算不错了。

个案研究：Rotork

除非你身处石油、天然气或水资源产业，否则 Rotork 应该是另一家你从没听过的公司。这是一家总部在英国的企业，也是阀驱动器（valve-actuator）的全球顶尖制造商，不管是电子式、气动式，还是液压式的。该公司主要提供管理液体、气体及粉末流动的可靠解决方案给工程师。

一如 Spirax-Sarco，一位行家已知晓 Rotork 很长一段时间，他在 2007 年 11 月 30 日以每股 9.84 英镑建立仓位，在 5 年后的 2012 年 12 月 4 日以每股 25.18 英镑卖出。

以行家放着不动的方式，这代表 156% 的惊人报酬率。我旗下的这位经理人期间先实现小额利润，使他的平均每股卖出价格为 17.26 英镑，当他完全出清仓位时，赚取 74% 利润。

个案研究：统一集团（Uni-President）

统一集团是一家台湾企业，我们许多人都听

过其产品，但不知晓其品牌。统一集团是在中国台湾与中国大陆营运的食品集团，相较于沃尔玛，统一集团销售的产品包罗万象，从自有品牌的牛奶与酸奶，一直到面条、面包，还有各种能想得到的产品。

虽然你可能没听过统一集团，但你一定听过统一集团取得授权、在台湾经营的其他品牌，例如 7－11、星巴克（Starbucks）、Mister Donut 及家乐福（Carrefour）。统一集团旗下还有台湾职业棒球队——统一狮队。

在 2006 年 6 月 15 日，我旗下的一位行家投资统一集团，当天就建立仓位，当时统一集团的股价为每股 1.37 英镑。他在 5 年后的 2011 年 8 月 23 日，以每股 3.73 英镑的价位出清。若以买进并持有、然后什么都不做的基准来看，这表示他能赚到 173% 的报酬。但因为这位经理人喜欢减码获利仓位，他的平均每股卖出价格为 3.17 英镑，这代表他最后出清时，赚进 132% 的利润。

个案研究：开泰银行（Kasikornbank）

开泰银行（Kasikornbank）是一家总部在泰

国的商业银行。如果你曾去过泰国，就很可能曾用过该银行的自动提款机取钱。通过全资拥有子公司的方式，开泰银行的业务范围从投资银行、证券受托买卖、基金管理、消费信贷一直到机械与设备出租。如果你曾读过这家银行的策略文件，就会知道开泰银行的目标，是成为泰国主要消费银行。

一位行家在2008年6月20日以每股1.09英镑的价位建立仓位，他在两年后的2010年11月1日，以每股2.65英镑的价位卖出。以买进并持有，然后什么都不做的基准来看，这代表143%的报酬率。不过这位经理人之前减码仓位，使他的平均每股卖出价格为1.88英镑，因此，直到完全出清仓位时，赚进79%的利润。

赚钱笔记

应对损失情况

别忘了，即便行家采取的做法很成功，但他们只有1/3的想法赚钱，换句话说，每位行家在赔钱时，也是一位刺客或猎人。

二、分散风险？不，集中投资

——对的投资，不轻易放手，获利就能翻倍又翻倍

我们已经发现即便多数时间判断错误也能赚钱的秘密，就是大规模乘胜追击。我现在要用这个新视野，来观察《福布斯》富豪榜。

先前我在看着富豪榜时会想“为什么我没想到？”或“他一定是个天才。”

例如，在我撰写本书时，亚马逊（Amazon）创办人杰夫·贝佐斯（Jeff Bezos）以 250 亿美元的身价，仅 49 岁就成为全球第 18 富有的人。他的身价甚至比巴拉圭、牙买加等国家的经济产值还高。

贝佐斯是怎么变得如此富有的呢？

主流媒体告诉我们的故事是，他之所以有钱，是因为亚马逊这家从小型网络书店蜕变为全球最大网络零售商的公司。但常被忽略的事情，

就是他之所以会变得如此富有是因为他在亚马逊拥有庞大且从未出清的持股。

这个样本观察的重要性，不该被低估。

我相信，过去10年来，曾有数百家、甚至数千家想收购亚马逊的公司持续接触贝佐斯。如果有人提议以1000万美元甚至1亿美元收购你的公司，你抗拒得了吗？抗拒诱惑，并且持续投资一个很棒的想法，至关重要。如果贝佐斯在创办亚马逊时，就卖掉公司，我们到现在都还不会听过这个人。

看看另一个例子，萨拉·布雷克里（Sara Blakely）才42岁，就以超过10亿美元的身价，挤入超级富豪榜。事实上，她也是最年轻且白手起家的女性亿万富豪，她成功的秘密是什么？

根据媒体报道，是因为她创造了Spanx这种塑身内衣材质，并创办了这家公司。这种材质能让人告别臃肿体态、拥有更紧实的曲线。

有些人也会跟你说，她正是实现美国梦的典范。从迪士尼乐园的低薪员工变为超级富豪，就是因为她在29岁那年把5000美元的积蓄投资下去，在亚特兰大公寓中设计、制造并销售自己的衣服，之后在零售卖场开设店面。

其他人会说，她会致富，是拜奥普拉·温芙瑞（Oprah Winfrey，美国著名主持人）所赐，因为奥普拉把 Spanx 列入“奥普拉最爱商品”（Oprah's Favorite Things）。

但你从未听过的说法是，她之所以赚进大钱，是因为她持续投资自己。即便在我撰写本书的现在，她仍持有公司 100% 的股权。

当你在赚钱时，你需要的是全心投入与纪律。帕累托法则（Pareto principle，或称为80/20 法则）指出，80% 的结果来自于 20% 的起因。这有助于解释为何伟大的投资人在多数情况都是错的情况下，仍能赚钱。少数大涨的股票，会对最后结果造成很大的影响。

若以《福布斯》富豪榜上的任何人为例，都可以发现这些富豪背后的共通之处，就是他们手上拥有自己公司的大笔股权。

为什么许多基金经理人注定失败?

遗憾的是，许多基金经理人都觉得自己几乎不可能成为行家。首先，专业投资人常会过度分散投资，因为他们在管理职业生涯的风险。很多人知道老板与雇主评判的根据是指数或同侪团体的短期表现。这不利于他们集中投资，因而难以成为长期赢家。

其次，根据 20 世纪 70 年代的投资理论规范，监管当局必须立法要求专业投资人不得持有少数最赚钱投资的大笔仓位。

为什么?

因为监管当局相信，投资组合分散代表其风险会低于集中投资。然而，事实上，这种做法只是用一种风险取代另一种风险，把公司的特定风险［编者按：或称独特风险（idiosyncratic risk），是一种因你投资公司类型而异、非常低的风险］，换成市场风险（系统性风险）。

风险并没有被降低，只是被转移了。

集中比分散赚更多

有专业的学术研究表明，投资你最信任的想法是合理的。

哈佛大学、伦敦政治经济学院（LSE）的教授们所发表的一份研究，就是检验投资人最佳想法（根据持股规模）的股票表现。

为了确保自己研究的论据可靠，他们聚焦了1991 年 1 月到 2005 年 12 月这 15 年间，所有在美国登记在案、须每季向美国证券管理委员会（SEC）申报持股资料的国内股票基金。这 15 年曾经历了 20 世纪 90 年代末的庞大科技泡沫和之后的泡沫破灭，以及 2000 年到 2002 年的股市崩盘。

由于多数基金都必须向美国证券管理委员会申报自己的持股，因此这些教授的研究包含了当时人们可能投资的多数基金。

指数型基金（编者按：Index Fund，指数型基金本身的持股，完全依据某一市场指数的投资组合而变动，故又称为被动式基金）会被排除在外的原因很明显，因为这些基金只是试图模仿一个指数的表现，因此最大的持股仓位，并不是源自于主动管理型经理人的最佳想法。

教授们的学术研究成果很惊人，他们发现：

• 若把每位投资人最确信的一只股票集结起来，其表现优于大盘或投资组合里的其他股票，这样的比例可达 1%～14%，每年能达到 4%～16%。以 10 年期来看，这些股票表现超越大盘的幅度达到惊人的 48%～341%！

• 这些投资人持股最多的 5 只股票，表现也远优于大盘以及投资组合里的其他股票。

• 这些经理人最糟的想法，也就是他们持股比率最低的股票的表现远糟于他们最棒的投资想法。

若以怀疑的态度看这份报告，可能会很快地认为，经理人最棒的想法多数都会重复，或者正因为许多投资人抢着买特定股票，才会很火热，这些因素一定会扭曲结果。但事实并非如此。

实际上，研究显示，所有经理人有“超过

70%的最佳想法都没有重复，而且同时出现在3位经理人的投资组合里的最佳想法，只有8%”。

这说明了一个观念，也就是成功的决定因素并非是在某个幸运的时间点投资一只热门股票，重点反而是要投资最好的题材。

这篇研究的作者们用一个简单的问题，总结整份研究：

“如果每位基金经理人只能挑选少数股票，也就是只选最棒的点子，他们的表现有可能脱颖而出吗？

我们提出的证据显示，他们可以。因为主动管理型经理人的最佳想法所产生的报酬率水准，高于他们整体的投资组合。”

这份研究报告显示，专业投资人在挑选股票时确实有两把刷子，特别是他们最棒的投资想法。看来过度分散投资，正是导致专业投资人绩效不振的另一个元凶。

“过去共同基金经理人整体绩效不振的原因并非缺乏选股能力，而是过度分散投资的制度阻碍了他们只挑最能赚进报酬的股票。”

换句话说：

“财富管理产业的组织似乎让经理人觉得，在自己的投资组合里加入表现不会优于大盘的股票，是最好的做法。也就是说，尽管投资人是从集中投资中受惠，但身处广泛采用手续费架构下的经理人，自然偏好分散的投资组合。”

三、“时间点”，行家的制胜关键

——判断何时该进场、退场才能获利最大化，是行家一直在做的事情

虽然行家的投资获利最高，但当个行家并不容易。不只是因为这种投资方式与人们的强烈冲动相左，还有一些必须留意的重大危险，特别是以下三种。

1. 你可能太晚进场

如我们稍早前提到的，戴维斯运用1929年至1998年道琼工业指数所做的研究显示，许多人在多头股市赚进的报酬，都发生在涨势的前1/3。

他的研究也显示，上半段涨势占了多头股市整体报酬的2/3。如果你正在买进一只上涨的股票，就必须留意这件事——小心好赚的钱已经被赚走了。

一波涨势持续越久，价格就越可能逼近（掉回）刚开始上涨时的水准。

2. 爆红和大涨，不一样

一只股票上涨越久，其话题性就会越广泛流传，必然有越多抱着“跟着趋势”想法的投机客买进这只股票。

有些大涨的股票，应被视为突然爆红的类型。驱使投机性热钱买进一只股票，其实就跟我们会到排长队的餐厅吃晚餐一样。成功的故事有强烈的吸引力，但并不代表那会持续下去。

人们似乎生来就会从众，因此我们在搭着股票涨势赚钱时，必须小心翼翼。作者查尔斯·麦凯（Charles Mackay）在他 1841 年出版的《异常流行幻象与群众疯狂》（*Extraordinary Popular Delusions and the Madness of Crowds*）中检验了 3 次市场泡沫（17 世纪的郁金香狂热、18 世纪的法国密西西比泡沫与南海泡沫），他的研究指出人们在群众行为的压力下，会如何丧失理性思考的能力。

只要遇到多头市场的高点，或空头市场最糟的时刻，人们会变得从众。但想要长久仰赖非理性的投资，是根本不可靠的事情。

这显示随着时间推进，先实现一部分获利很合理。在你维持投资、把握住大赚势头的同时，其实你也在缩减当股价表现不如预期的潜在损失。

投资小语

我了解到，即便市场看似正处于最佳状态、创新高，这也是卖出的最佳时刻。在某种程度上，如果要当个好交易员，就必须反向投资。

——保罗·都铎·琼斯二世

（Paul Tudor Jones II，避险基金经理人）

3. 你会进退维谷

针对拥挤交易（编者按：crowded trades，意指许多投资人对某种想法深信不疑，并押注大量资金，但若实际状况不如预期，会面临价格快速反转），戴维斯提出一个出色的论点：若是在一间挤满人的戏院里大喊失火了，就会爆发恐慌，人们会挤着冲向出口。然而，如果在一间人很少的戏院里大喊失火了，人们会站起来，还能寻找失火的迹象，然后很有秩序地走出出口。

这就是先实现部分获利会是个好主意的理由——有时间并从容走向逃生出口。

知名科学家牛顿（Sir Isaac Newton）在18世纪20年代投资南海公司股票时，赔光一切，这件事众所周知。然而，不可思议之处在于，他在赚进丰厚利润后就出清持股，接着股价继续涨。牛顿看着持续紧抱的朋友们变得非常有钱，因此他再度进场，加码持股。但遗憾的是，当时股价已接近高点，接着股价崩跌，他也因此破产。这件事也促使他说：

“我能计算出天体运行的轨道，但我无法测量人类的疯狂程度。”

你准备好当个行家了吗？

所有人都向往当个行家，但这需要很大的勇气与耐心，多数人会发现这不容易。希望本章能鼓舞你加入行家的行列。我的研究发现，所有最厉害的投资人，都是受惠于少数几只大涨的股票，若排除这些大涨的股票，他们的报酬率无疑将和一般人一样。

苹果公司已故共同创办人史蒂夫·乔布斯（Steve Jobs）之所以成为世上最富有的人之一，是因为他一直持有苹果公司的股票。你能在苹果公司股价从 1984 年的 3 美元一路涨到 2012 年的 700 美元时，依然紧抱吗？你能先咬几口苹果，而非整颗吃掉吗？

我不是在说，你必须投资 30 年才能致富，但你的确需要紧抓住大涨股票的能力。

一如量子基金核心人物朱肯·米勒曾说过的：

“建立长期报酬之道，就是保留资本并挥出全垒打。许多经理人在赚得 30% ～ 40% 的报酬后，就会以此结束一年。

但赚得真正较高的长期报酬之道，就是必须在赚得 30%～40% 的报酬之前努力投资，接着如果你仍相信这个想法，就会在这一年里赚得 100% 的报酬。”

结论
重复又重复，
成功需要的是——养成习惯

我有幸能与全球最厉害的专业经理人一起投资数十亿美元，经过八年的管理期间，也改变了我对他们的既定印象。

我发现，顶尖投资人之所以能享受成功，不是因为他们拥有特殊的天赋，也不是因为他们的成长过程特别不同（虽然我旗下有些人确实如此），更不是因为他们生下来就是天才（虽然许多人确实非常聪明）。所有成功的关键都在于一个要素——懂得股票的买卖艺术。

所有的成功投资人都有一个共同点，其实就只是习惯。

我把这些人分成好几个族群，但真正有趣之处在于，他们不会知道自己是属于哪个族群。他们所做的每一个决定，都是**出于一直以来的**

习惯。

每位成功投资人都从在错误的投资时刻中赚钱的经验，学会落实投资想法的习惯。

这些习惯也意味着，他们不必具备在正确时机买卖股票的天赋，也不需要有先知般的预测能力。这些潜藏的习惯帮助他们在赔钱时知道该怎么应对，在赚钱时又该如何继续维持获利。

一如拿到一手烂牌的玩家，如果赔钱了，知道必须大幅调整。当陷入赔钱的处境时，是市场在发出警示，如果什么都不做或做得太少，根本于事无补。所以必须养成在赔钱时大幅减码或加码股票的习惯。

若以棒球术语形容，当在赚钱时，成功的投资人必须试图挥出全垒打，而非只是一垒安打，这代表他们已经养成紧抱一只上涨股票的习惯，就算极度渴求获利了结，内心也在大喊："在赔掉之前，先获利了结吧！"

我知道，以上所述都是太过简单而且毫无新意的概念，甚至会让你感到失望。

的确，有些读者觉得我过度简化，但成为一

个杰出的实践者，是一门需要数十年的磨练才能掌握的艺术。

专业经理人想要让你以为，能做到成功投资并非一般人所能企及，他们希望你相信，这些报酬都得靠拥有特殊天赋的经理人与团队赚进来，但这只是宣传手法。

成功投资是每一个人都能做到的事情，不论教育程度或背景，不管年纪大小，无论有无经验。你该做的只是在赔钱时大幅调整，在赚钱时保持信念。

如果你有这样的纪律，就具备投资的本钱。但我深信，许多读到这里的专业人士，既不会改变操作模式，也不会采用我的建议。他们会觉得这些建议太过简单或太过常见，多数人会认为自己太聪明了，知道最好的方法。但过度自信，就如计程车司机觉得自己比一般人更懂开车一样，这其实是他们的损失。

若以电影《颠倒乾坤》［编者按：*Trading Places*，为丹·艾克洛德和艾迪·墨菲主演、1983 年上映的喜剧电影，剧情为出身上流社会、在投资顾问公司就职的路易斯（丹·艾克洛德饰）与自小在贫民窟长大的比利雷（艾迪·墨菲饰）因一对富豪兄弟的突发奇想，在一夕之间互换身份，在贫民窟长大的比利雷在短时间内便学会商品期货交易］的剧情发展，我保证如果把这些技能教给还在念中学的小孩，他们的表现将优于多数专业投资人。事实上，我正准备向各投资公司的营运长提出这个挑战。

投资大师各有赚钱秘诀

有些人可能会担心，采用成功族群的习惯，就不能操作自己原本的想法或得寻求原本不是自己想做的投资。好消息是，其实每个族群的投资人，几乎对每笔题材的意见都截然不同，就算他们的习惯会重叠，但一开始的起心动念完全不同。

对于这种差异，我总能想起一个历历在目的场景。

2011 年夏季，在我管理的先机欧洲精选股票基金大获成功之际，我旗下最知名的经理人欧迪作东，邀请许多基金经理人共进晚餐，我便带部分经理人赴约。当天晚上有许多特别的事情，但最令人震撼的，不是能和这么多世界各地的顶尖投资人齐聚一堂共进晚餐，也不是在一间极度豪华的开放庭院式餐厅用餐，更不是欧迪做了一件只有在好莱坞电影里才看得到的事——安排知名主厨米歇尔·胡（Michel Roux）为我们烹调食材。这些食物都是从高级法国餐厅送来，搭配品质高到我从未见识过、也可能再也见识不到的红酒。

最令人震撼的，是用餐者的言论。

聚会中的用餐人士，混杂了行家、猎人以及刺客（都是水准非常高的顶尖投资人），而你可能也很难在这么少人里，发现这么多相互对立的论点。

没什么事情能比得上看着一群投资大师辩论一笔投资的价值，其中一人告诉另外一人说，他竟然会考虑这一只股票，一定是疯了。

你可能会合理假设，其中一人会是赢家，而

另一人是输家，毕竟市场就是场零和游戏[1]。但并非如此，大家都很成功，只是对于该投资有着不同且相互冲突的看法，因为他们都有相同的习惯。他们所有人都已精通实践买卖的艺术。虽然导致股价涨跌的因素有很多，但决定你会赚钱或赔钱的最终因素，仍是你的行动。

① 指在严格竞争下，一方的收益必然意味着另一方的损失。

五个赚钱秘诀

1. 只投资最棒的想法

只投资几个你最棒的想法。我的研究显示，持有一到两只会大涨的股票，是成功的必要关键，帕累托法则（80/20 法则）是真的。

然而，我不建议只投资一个很棒的想法，原因很简单——事情总会不顺。

此外，我的研究显示，你的成功概率会不到 50%，既然概率这么低，孤注一掷很不合理。

投资小语

为什么不多投资一点你最棒的想法，却非要把钱放在你第六十个想法上呢？

——布鲁斯·伯克维茨

（Bruce Berkowitz，投资经理人）

2. 仓位规模很重要

给每个想法投注大笔资金，但金额又不会大到足以决定你的命运。出手要像个成功的神枪手，而非傲慢的神枪手。

傲慢的神枪手决定只在枪管里留下一发子弹，因为他对自己很有自信，根本不需要另外五颗。

但十分钟后，当他从天堂向下俯视自己泡在血滩里的尸体时，就会了解成功的神枪手之所以能活着并成为传奇，是因为他的枪膛永远上满子弹。成功的神枪手知道，自己需要的，不只一发子弹。

我常把加码资金放到赔钱仓位的这个过程形容为再开一枪。不把所有资金跟一个想法绑在一起，代表你还有许多可成功的机会。

然而，别投资太多想法、过度分散资金。你反而应该准备一次投入大笔资金，只是别在第一天就全部投入。

3. 在赚钱时保持贪婪

要搭着持有股票的涨势赚钱，就必须把握住赚大钱的可能性。要掌握住分配曲线的正确尾端以及统计上的风险。别再试着迅速赚进10%或20%的利润，而是要让你的投资有成长10倍的可能性。

4. 在赔钱时大幅调整

如果不大幅加码现有投资，就出清仓位。这两个行动都提供你改变最后结果的可能性，将亏损仓位转为获利仓位。要预期自己会陷入赔钱处境，拟定大幅调整的计划，并遵照计划行动。

5. 只投资有流动性的股票

确保所有公开上市的投资都有充足流动性，足以让你落实自己的想法。世界上最糟的事情莫过于知道要做，也想要做，但却没办法做。

投资小语

军队里的所有将军都知道，在与敌方交战后，计划总是赶不上变化。

——贝恩哈特·冯·毛奇

（Helmuth Karl Bernhard Graf von Moltke，

德国陆军元帅）

五个投资恶习

1. 投资多种想法

许多专业基金经理人在寻求分散投资组合以降低风险时，会投资他们不太相信、预期报酬也很低的想法。

美国避险基金“潘兴广场”的创办人比尔·艾克曼（Bill Ackman）曾说：

“他们过度分散投资的结果，就是报酬会被稀释掉。分散投资掩盖了无知，代表主动管理型经理人没有针对自己投资的企业做足研究功课。如果经理人有200个仓位，你认为他们会知道任何其中一家公司此刻发生了什么事吗？”

持有150只股票的一般共同基金，投资范围之所以会散布于频谱上这么深远的范围，有较多是出于商业理由，而非出于股票的表现。

在这个职业里，经理人必须花费大量心力于这个问题：“哪一种错误会让我被炒鱿鱼？”答案常是绩效低于比较标的一定程度，因此他们发展出一种策略，尽可能降低出现这种结果的概率。

所以，投资大量的想法看似安全，但广泛地投资在平庸的企业，只会得到一般的结果。

2. 在每个想法都投资小额资金

如果你多数时刻都是错的，那么你不仅需要上涨的股票让你赚进大钱，资本还必须充足，才能确保这些想法的投资会对你的整体结果产生重大影响。

3. 小赚就获利了结

许多小额获利，都是投资策略亏损的初步迹象，因为你只不过是抢在火车进站前捡地上的铜板。

4. 持续投资一个想法，并且在赔钱时拒绝调整

5. 不考虑流动性